O instrutor online

P168i   Palloff, Rena M.
        O instrutor online : estratégias para a excelência profissional / Rena M. Palloff, Keith Pratt ; tradução: Fernando de Siqueira Rodrigues ; Revisão técnica: Régis Tractenberg. – Porto Alegre : Penso, 2013.
        198 p. : il. ; 23 cm.

        ISBN 978-85-65848-20-6

        1. Educação. 2. Instrutor online. 3. Educação a distância. I. Pratt, Keith. II. Título.

        CDU 37.018.43

Catalogação na publicação: Ana Paula M. Magnus – CRB-10/2052

Rena M. Palloff
Keith Pratt

O instrutor online

Estratégias para a excelência profissional

Tradução:
Fernando de Siqueira Rodrigues

Consultoria, supervisão e revisão técnica desta obra:
Régis Tractenberg
Mestre em Telemática Aplicada à Educação e Treinamento pela Universidade de Twente – Holanda. Diretor da Livre Docência Tecnologia Educacional.

2013

Obra originalmente publicada sob o título
The Excellent Online Instructor: Strategies for Professional Development, 1st Edition
ISBN 9780470635230 / 0470635231

© 2011, John Wiley & Sons, Inc.
All Rights Reserved. This translation published under license with the original publisher John Wiley & Sons, Inc.

Gerente editorial: *Letícia Bispo de Lima*

Colaboraram nesta edição

Editora: *Lívia Allgayer Freitag*

Capa: *Flávio Wild*

Ilustração de capa: *Flávio Wild*

Preparação de originais: *Priscila Zigunovas*

Leitura final: *Adriana Sthamer Gieseler*

Editoração eletrônica: *Formato Artes Gráficas*

Reservados todos os direitos de publicação, em língua portuguesa, à
PENSO EDITORA LTDA., uma empresa do GRUPO A EDUCAÇÃO S.A.
Av. Jerônimo de Ornelas, 670 – Santana
90040-340 Porto Alegre RS
Fone (51) 3027-7000 Fax (51) 3027-7070

É proibida a duplicação ou reprodução deste volume, no todo ou em parte, sob quaisquer formas ou por quaisquer meios (eletrônico, mecânico, gravação, fotocópia, distribuição na Web e outros), sem permissão expressa da Editora.

SÃO PAULO
Av. Embaixador Macedo Soares, 10.735 – Pavilhão 5 – Cond. Espace Center
Vila Anastácio – 05095-035 – São Paulo – SP
Fone (11) 3665-1100 Fax (11) 3667-1333

SAC 0800 703-3444
IMPRESSO NO BRASIL
PRINTED IN BRAZIL

Agradecimentos

Este livro é dedicado a todos os docentes que trabalharam conosco em nossas aulas e programas *online*, *workshops* e seminários de treinamento – obrigado por tornarem públicas as suas necessidades e por buscarem a excelência. Esperamos que este livro os apoie em sua jornada.

Mais uma vez, temos que agradecer às pessoas pacientes, compreensivas e dedicadas da Jossey-Bass. Em particular, agradecemos a Erin Null e a David Brightman – somos muitos gratos a vocês dois! Obrigado também a Jessica Egbert por ter feito com que escrevêssemos este livro, trazendo esta contribuição ao campo da aprendizagem *online*.

Temos sempre que agradecer à Universidade Fielding de Pós-graduação e a Judy Witt, a diretora da Escola de Liderança e Mudança Educacional, pelo apoio ao Programa de Ensino na Sala de Aula Virtual (TVC, na sigla em inglês). O programa nos dá a oportunidade de trabalhar com instrutores muito talentosos que estão interessados em nada mais do que buscar a excelência em seu próprio trabalho *online*. Sobretudo, agradecemos aos nossos participantes – os "estudantes" do programa TVC, por suas contribuições à nossa aprendizagem permanente. Abraços virtuais a todos vocês! Os nossos agradecimentos nunca serão suficientes.

E agradecemos, é claro, às nossas famílias – sua paciência e seu amor são o que nos ajuda a fazer o que fazemos e nos impele a buscar nosso próprio nível de excelência.

Autores

Rena M. Palloff é bacharel em Sociologia pela Universidade de Wisconsin-Madison e mestre em Trabalho Social pela Universidade de Wisconsin-Milwaukee. Possui título de mestrado em Desenvolvimento Organizacional e título de doutorado em Sistemas Humanos e Organizacionais, pela Universidade Fielding de Pós-graduação.

Keith Pratt graduou-se na Universidade Batista Wayland em Administração de Empresas e Tecnologia de Sistemas Computacionais. Possui título de mestrado em Gerenciamento de Recursos Humanos pela Universidade Chapman, mestrado em Desenvolvimento Organizacional e título de doutorado em Sistemas Humanos e Organizacionais pela Universidade Fielding de Pós-graduação, além de um doutorado honorário em Ciência pela Universidade Estatal de Moscou.

Palloff e Pratt são sócios-gerentes do Crossroads Consulting Group. Desde 1994, eles vêm conduzindo colaborativamente pesquisa e treinamento pioneiros nas áreas emergentes de facilitação *online* de grupos, construção de comunidades face a face e *online*, planejamento e desenvolvimento de programas de aprendizagem a distância, e gerenciamento e supervisão de programas acadêmicos *online*. Em conjunto com a Universidade Fielding de Pós-graduação, desenvolveram o programa de certificação acadêmica de Ensino na Sala de Aula Virtual, para auxiliar os docentes a se tornarem facilitadores e desenvolvedores de cursos *online* eficazes.

Sumário

Prefácio 11

Parte I
O instrutor *online* excelente

1 Quais são as características do ensino *online* excelente? 22

2 Fases de desenvolvimento 37

3 Elementos de treinamento para a excelência 59

Parte II
Apoiando a mudança do novo para o ótimo

4 Modelos de desenvolvimento de docentes 72

5 Mentoria de docentes *online* 90

6 A lacuna crescente: o desenvolvimento profissional
para professores do K–12 105

Parte III
Ligando os pontos: desenvolvimento e avaliação de docentes

7 Ligando o treinamento à avaliação de docentes 118

8 Melhores práticas no desenvolvimento de docentes *online* excelentes ... 132

**Recursos para desenvolvedores de docentes,
docentes e administradores** 145

Apêndice A
Recursos para desenvolvedores de docentes e para aqueles
que estão encarregados do desenvolvimento de docentes 147

Apêndice B
Recursos para docentes 165

Apêndice C
Recursos para administradores de programas *online* 174

Referências 183

Índice 191

Prefácio

Em setembro de 2005, o furacão Katrina atingiu o Golfo do México e a cidade de Nova Orleans. Romperam-se os diques e a cidade foi inundada. A Faculdade Comunitária Delgado perdeu 70% de suas instalações físicas devido à tempestade, mas o servidor que hospedava o Blackboard*, o Sistema de Gerenciamento de Cursos da faculdade, estava em terreno seco e funcionando. Para que pudesse levar adiante de alguma forma o semestre acadêmico de outono, alcançando os estudantes e envolvendo seus docentes, a maioria dos quais se encontrava espalhada por todos os Estados Unidos, a faculdade transferiu muitos de seus cursos para o ambiente *online*. Com apenas três dias de preparação, lançou uma grande iniciativa *online*. Quando as águas da enchente recuaram e o semestre de outono terminou, a faculdade percebeu que essa abordagem fragmentária para o ensino *online* não iria funcionar em longo prazo, e deu início a um esforço de treinamento de docentes que continua até hoje. Aquilo que havia começado com o mínimo de treinamento técnico para colocar em funcionamento os cursos no Blackboard transformou-se em um esforço contínuo de melhoria da qualidade, focado em pedagogia *online* eficaz.

No momento em que escrevemos este livro, outono de 2009, o vírus da gripe H1N1 está impactando os *campi* universitários. A resposta de muitas instituições acadêmicas é pedir que seus professores se preparem para lecionar *online* – essa preparação, em grande parte, envolve instrução técnica sobre o uso de tecnologias de captação de aulas e palestras,

---

* N. de R.: A Blackboard atua no setor de soluções de *e-learning* e atende algumas das maiores universidades do mundo. No Brasil, o Grupo A é o representante da Blackboard.

sobre a utilização básica do Blackboard e de outros sistemas de gerenciamento de cursos, sobre o uso eficaz do Microsoft Office como meio de compartilhamento de documentos com estudantes e assim por diante. Pouca ou nenhuma atenção está sendo dispensada ao que torna o ensino *online* eficaz – apenas ao que se pode fazer em uma emergência para colocar o material do curso *online*, de modo que os estudantes ou os docentes que estejam doentes possam continuar a se envolver nas aulas. Mas e quanto àqueles docentes cujas instituições não estão fornecendo tal treinamento? Como irão se preparar? Serão capazes de distribuir material *online* se não tiverem passado previamente por essa experiência? E esse esforço resultará em um esforço maior para fornecer aulas *online* eficazes, como aconteceu na Delgado? Nós gostaríamos muito de acreditar que a experiência da Delgado é a regra, no entanto, somos pouco otimistas, dado o estado atual do desenvolvimento de docentes para o ensino *online*.

Recentemente, realizamos diversos *workshops* sobre o tópico do desenvolvimento de docentes *online*. O mais interessante para nós foi que os participantes repetiram veementemente um tema comum: precisamos voltar aos princípios básicos ao treinar docentes *online*. O que provocou essa necessidade? Os participantes citaram diversas razões, incluindo:

- Os docentes raramente recebem o nível de treinamento e de suporte necessário para lecionar *online*, isso se chegam a receber algum treinamento, o que resulta em confusão sobre como começar.
- O treinamento continua focado na tecnologia a ser usada, em vez de em como ensinar no ambiente *online*, resultando em confusão sobre o que fazer após o início do curso *online*.
- Os docentes estão atarefados e, muitas vezes, não participam de todo o treinamento.
- Falta aos docentes familiaridade com as ferramentas de ensino *online*.
- Frequentemente, os docentes são chamados na última hora para ensinar uma seção de um curso *online*, sendo colocados nessa situação com pouco ou nenhum treinamento.
- O treinamento de docentes toma muito tempo – tempo esse que os administradores veem como perdido ou como mal-empregado, e pelo qual eles não querem pagar.
- Os docentes resistem ao treinamento obrigatório – há alguma maneira de abrir exceções para os docentes mais experientes? Podemos valorizar a experiência de alguma forma?

- Ainda que uma abordagem construtivista seja geralmente promovida como o meio mais eficaz para distribuir um curso *online*, os docentes resistem a essa linha de pensamento para o treinamento.
- O treinamento deve ser uma experiência permanente, e não pontual.
- As metas de treinamento raramente são claras – do que a instituição e os estudantes precisam para criar uma experiência de ensino e aprendizagem excelente?
- E quanto às instituições que nem mesmo oferecem treinamento? O que os docentes podem fazer para se atualizar, de forma que possam dar aulas *online*?

Embora tenhamos discutido a necessidade de um bom treinamento de docentes, que explore as melhores práticas em ensino *online*, em vez do uso de tecnologia *online*, e a demanda por esse tipo de ensino seja bem documentada e continue a crescer (Allen e Seaman, 2007), o treinamento de instrutores não tem acompanhado a demanda por excelência nesse ambiente, uma demanda manifestada por estudantes e administradores. O resultado têm sido cursos *online* mal construídos, elevados níveis de evasão e as contínuas alegações de que a educação *online* simplesmente não é tão rigorosa quanto sua homóloga face a face. Ademais, muitas vezes os docentes são abandonados à própria sorte para encontrar treinamento adequado ou para criar sua própria abordagem para o ensino *online*, baseando-se em conversas com colegas ou em informações que encontram em publicações na internet.

Não há dúvidas de que a educação *online* continua a se expandir. Programas de pós-graduação com duração de 2 a 4 anos e instituições inteiramente *online* estão oferecendo cada vez mais aulas em ambientes virtuais, mas a disponibilidade de docentes treinados para ensinar nesses cursos continua a ser uma questão crucial. Raramente os docentes recebem treinamento nas habilidades pedagógicas de que necessitam para lecionar *online*. Em 2002, um levantamento com professores de diversas disciplinas, de várias regiões dos Estados Unidos, produziu resultados que parecem ser a norma da experiência desses profissionais, já que 75% indicaram que receberam aproximadamente 30 horas de treinamento técnico no Sistema de Gerenciamento de Cursos que iriam utilizar, mas apenas um terço relatou o recebimento de qualquer treinamento pedagógico. Um subgrupo de docentes que responderam ao levantamento foi entrevistado. Eles descreveram as dificuldades que estavam enfrentando para envolver os estudantes em discussões *online* e sua evidente necessidade de treinamento pedagógico (Pankowski, 2004). Nós defendemos, contudo, que, com atenção ao bom treinamento e desenvolvimento, a excelência dos docentes no ambiente *online* pode ser alcançada. O desenvolvimento e a distribuição de cursos excelentes levaria a maior persistência dos estudantes nesses cursos, bem como estes obteriam resultados mais significativos. A intenção deste livro é auxiliar os docentes que lecionam *online* e aqueles que são responsáveis por seu treinamento e desenvolvimento a alcançar esse nível de excelência. Então, o que faz um instrutor *online* ser bem-sucedido e como instrutores excelentes podem ser treinados e desenvolvidos? Como os docentes podem se tornar seus próprios treinadores-desenvolvedores para ajudar a atingir a meta da excelência no ensino *online*? Essas são as questões centrais que vamos abordar e explorar aqui.

SOBRE ESTE LIVRO

Este livro destina-se a três públicos. Primeiramente, ele é para e sobre docentes – docentes que estejam adentrando o ambiente *online* pela primeira vez ou aqueles que buscam melhorar sua prática de ensino neste ambiente. Além disso, foi projetado para auxiliar os desenvolvedores de docentes, bem como aqueles docentes que foram designados a treinar seus pares e a fazer o *design* e a distribuição de treinamento eficaz para o ensino *online*. Por fim, é dirigido aos administradores que supervisionam e avaliam a *performance* dos docentes no ensino *online*. Bons instrutores e boa instrução são as ferramentas de *marketing* mais poderosas que um curso ou programa *online* podem ter. Visto que a evidência de pesquisa sugere que um bom instrutor é a chave para a perseverança dos estudantes em um curso *online*, a contratação, o treinamento e a avaliação de bons instrutores são prioridade máxima para a maior parte das instituições *online*. Com a escala cada vez maior de distribuição de aulas em ambientes virtuais, contudo, surge a necessidade de recrutar e contratar docentes que podem não ter a experiência ou as habilidades necessárias para um programa ou curso *online*. Consequentemente, proporcionar bom treinamento e fornecer incentivos para manter os bons docentes se tornaram preocupações centrais. Nossa própria experiência de treinamento de docentes *online* utilizando uma comunidade de aprendizagem desse tipo nos mostrou que esse é um meio bastante eficaz na preparação de docentes para o desenvolvimento e a distribuição de cursos *online*. Nesse sentido, este livro ajudará os leitores a:

- Identificar os docentes que serão eficazes no ambiente *online* e apreciar seu grau de preparação para lecionar nesse âmbito.
- Saber o que é necessário ao desenvolvimento de um novo instrutor para promover um ensino *online* excelente.
- Descrever as qualidades de um bom instrutor *online* e como avaliar o bom ensino *online*.
- Desenvolver bons modelos de treinamento de docentes para o ensino *online*, baseados em princípios de aprendizagem de adultos e em melhores práticas em treinamento de docentes.
- Identificar métodos e processos que se mostraram bem-sucedidos no treinamento e na motivação de instrutores *online*.
- Identificar os meios pelos quais a tecnologia pode ser usada para facilitar e aperfeiçoar o processo de treinamento.
- Identificar as melhores práticas que exemplificam a excelência em ensino *online*.
- Identificar os meios pelos quais os docentes podem se envolver em seu próprio treinamento e desenvolvimento para complementar o que está sendo oferecido por suas instituições, ou supri-lo caso nada seja oferecido.

Modelos de treinamento e avaliação eficaz de docentes serão examinados, juntamente com estratégias para a retenção de bons docentes e para a construção da lealdade desses profissionais à instituição. Também tratamos neste livro dos educadores do K–12*. A demanda por integração de tecnologia e por aulas *online* no setor do K–12 também está aumentando e, em muitos casos, mais bem estruturada e financiada do que nas faculdades comunitárias ou no ensino superior. A mentoria é uma prática que se tornou padrão no desenvolvimento de professores; porém não é amplamente aplicada para a educação *online* no ensino superior. Assim, o desenvolvimento profissional para professores está se tornando uma força poderosa e pode, de fato, oferecer modelos que o ensino superior poderá seguir.

Reconhecemos que o treinamento, qunado oferecido, continua a focar o uso de tecnologia, quando os docentes estão clamando por mais e

---

* N. de T.: "K–12" é a denominação utilizada nos Estados Unidos, no Canadá e na Austrália para designar o conjunto das 12 séries que compõem a educação primária e secundária.

melhores informações sobre como realmente ensinar no ambiente *online*. Embora não exploremos estratégias e sugestões específicas para o ensino *online*, como temos feito em nossos outros livros, nesta obra exploramos maneiras pelas quais os docentes podem encontrar e usar recursos que auxiliarão no desenvolvimento dessas estratégias. Ao fazê-lo, este livro também trata da necessidade dos membros do corpo docente designados como coordenadores do treinamento de outros docentes ou da aprendizagem a distância em seus *campi* – mas que podem não ser eles mesmos desenvolvedores treinados de professores universitários – de indicarem aos seus colegas docentes a direção certa. Ele também fornece um meio pelo qual os docentes podem trabalhar colaborativamente para se apoiarem mutuamente à medida que exploram um território que pode ser desconhecido para eles.

Fornecer treinamento para docentes a fim de auxiliá-los a começar e também apoiar o seu trabalho contínuo no ensino *online* é importante. Proporcionar treinamento *online* por meio do desenvolvimento de uma comunidade de aprendizagem nesse meio para docentes pode ser ainda mais poderoso e eficaz. E, por fim, apresentar aos docentes ideias que possam usar para apoiar seu próprio desenvolvimento pode ser o ideal, considerando-se as restrições orçamentárias e a falta de apoio institucional. Existem numerosos modelos para apoiar esse esforço – nenhum é a maneira "certa" de treinar docentes –, e a revisão e a avaliação desses modelos são parte importante deste livro. A meta é desenvolver e apresentar abordagens que não apenas cumprirão a tarefa – em termos de ensinar os docentes como ensinar *online* –, mas que também desenvolverão a excelência dos docentes nesse tipo de ensino. Docentes *online* excelentes atraem estudantes para os cursos e programas e ajudam a retê-los. Também ajudam a melhorar a qualidade e o rigor dos cursos que lecionam. Temos a intenção, com este livro, de encorajar as instituições não apenas a treinar profissionais para trabalhar *online*, mas também a promover a excelência. Tencionamos, ainda, encorajar os docentes a buscar a excelência em seu ensino *online*, recebendo ou não o apoio de suas instituições por meio do fornecimento de treinamento.

ORGANIZAÇÃO DE CONTEÚDOS

Este livro está dividido em três partes e termina com diversos recursos para apoiar o trabalho de docentes, desenvolvedores de docentes e administradores na busca do bom desenvolvimento e da boa avaliação desses profissionais. Cada capítulo é concluído com uma revisão de seus pontos-chave, juntamente com dicas para o instrutor que deseja buscar treinamento por si próprio, a fim de ajudar a maximizar os benefícios do autotreinamento. As seções intituladas "Tornando-se seu próprio mentor" incluirão recursos e sugestões para o autodesenvolvimento de um instrutor *online* excelente.

A Parte I fornece a base para o livro, focando as características do instrutor *online* excelente no Capítulo 1, em como esse instrutor se desenvolve ao longo do tempo no Capítulo 2, e nos elementos de bom treinamento no Capítulo 3. Essa parte do livro enfatiza a importância de incorporar a teoria da aprendizagem de adultos ao treinamento, bem como de trabalhar com as competências e a experiência que membros do corpo docente já possuem. Além disso, um foco que abrange toda a Parte I é o grau de preparação do corpo docente – como isso pode ser apreciado e como incorporar os fatores relacionados ao grau de preparação ao treinamento?

A Parte II lança um olhar sobre tópicos mais específicos relacionados ao desenvolvimento dos docentes. O Capítulo 4 considera os vários modelos empregados para treinar e desenvolver docentes, sugere as técnicas e as estratégias mais eficazes para seu desenvolvimento e considera uma questão comum – o treinamento face a face é mais eficaz do que o treinamento *online*? Os benefícios de ambos, juntamente com a exploração dos modelos híbridos, são abordados nesse capítulo. O Capítulo 5 atenta para o importante tópico da mentoria e seu papel no desenvolvimento de docentes para o ensino *online*. Os programas formais de mentoria são revisados juntamente com sugestões para o desenvolvimento de abordagens tanto formais quanto informais de mentoria. O Capítulo 6 é dedicado ao tópico do desenvolvimento profissional no setor do K–12 e inclui uma revisão do que está sendo oferecido atualmente nesse setor, juntamente com sugestões para acabar com o hiato entre a formação de professores e o ensino *online* do K–12.

A Parte III conecta o desenvolvimento de docentes à sua avaliação. O Capítulo 7 considera especificamente esse tópico e sugere meios pelos quais os administradores, ou aqueles responsáveis pela avaliação dos docentes, podem mais efetivamente associar o treinamento e o desenvolvimento às tarefas de avaliação, a fim de que os resultados da avaliação conduzam o treinamento. As sugestões incluem maneiras de envolver os docentes em sua própria avaliação, bem como a avaliação por pares. O Capítulo 8 encerra o livro dirigindo-se a cada um dos três públicos para os quais ele foi escrito, reunindo ideias sobre melhores práticas no desenvolvimento e na avaliação de docentes e propondo um modelo de melhores práticas que os leitores podem adotar ou adaptar para suas próprias instituições.

Por fim, três recursos são fornecidos – um para os desenvolvedores de docentes ou aqueles com a incumbência de coordenar o desenvolvimento desses profissionais em seus *campi*; um segundo para os docentes, a fim de apoiá-los em seu próprio desenvolvimento; e um terceiro para os administradores ou aqueles que conduzem a avaliação de docentes e que desenvolvem programas de treinamento para eles.

QUEM SE BENEFICIARÁ DA LEITURA DESTE LIVRO?

O público principal deste livro é formado pelos profissionais do ensino superior, incluindo os docentes envolvidos no ensino *online*, bem como os *designers* instrucionais e outros funcionários de apoio acadêmico envolvidos no desenvolvimento, no *design* e na facilitação de cursos e treinamento *online* e no suporte aos instrutores dessa área. Um público principal adicional inclui outros profissionais do ensino superior que supervisionam a função de treinamento e avaliação dos instrutores *online*, como os docentes que são designados como coordenadores do desenvolvimento de professores ou de educação a distância e que podem ou não estar preparados para esta tarefa, bem como aqueles que estão encarregados do desenvolvimento de profissionais no setor do K–12. Chefes de departamento, diretores e outros administradores responsáveis pela avaliação de docentes constituem ainda outro público para este livro. Eles se beneficiarão não apenas das sugestões sobre o que constitui o bom treinamento, mas também daquelas acerca de como vincular o treinamento à avaliação para criar um sistema abrangente que faça sentido para eles e para os docentes que estão sendo avaliados.

Esperamos que este livro influencie positivamente os rumos do treinamento e do desenvolvimento para o ensino *online*. Embora defendamos o fornecimento de amplo treinamento em cada *campus*, reconhecemos que, em tempos de dificuldades financeiras, isso é praticamente impossível. Acreditamos firmemente, contudo, que tendo em mente nossas sugestões de autotreinamento e desenvolvimento, os docentes podem se tornar seu melhor recurso na busca pela excelência. Acreditamos, ainda, que todos os docentes que lerem este livro e seguirem nossas sugestões para melhorar sua prática de ensino *online* passarão suas experiências positivas adiante, tornando-se um recurso para seus colegas. Trabalhar em conjunto, de forma colaborativa, formando dessa maneira uma comunidade de prática, não beneficia apenas aos docentes, mas também rende enormes benefícios aos nossos estudantes, à medida que experimentam uma instrução eficaz e excelente. Isso, por sua vez, melhorará a instrução *online* como um todo. É um sonho ambicioso, mas não inatingível.

PARTE I

O instrutor *online* excelente

1

Quais são as características do ensino *online* excelente?

Há um mito existente no mundo do ensino *online* desde o seu início. O mito afirma que é fácil ensinar *online* – tudo o que é preciso fazer é levar exatamente aquilo que estava sendo feito na sala de aula face a face para a sala de aula *online*. Tecnologias como a captura em vídeo de aulas expositivas e o PowerPoint fizeram com que ficasse mais fácil para um instrutor lecionar *online*. E não é difícil simplesmente escrever uma tarefa de aula e postá-la, por meio do recurso de copiar e colar, no Sistema de Gerenciamento de Cursos em utilização. Mas será que isso pode ser considerado boa instrução *online*?

Há um número significativo de instrutores sinceramente interessados na educação *online* e nas suas possibilidades. Os seus primeiros entusiastas exploraram maneiras alternativas de ensinar nesse ambiente e se tornaram defensores dessa forma de ensino e aprendizagem, encorajando outros a se juntarem a eles em novas e empolgantes maneiras de lecionar cursos. Entretanto, foi dito a alguns instrutores que eles deveriam desenvolver e dar aulas *online*. Eles não tiveram nenhuma escolha sobre o assunto e estão adentrando de forma relutante no ambiente *online*. Muitos se sentem perdidos, sem nem mesmo saber por onde começar. Outros ouviram falar do mito de que a chave para o sucesso é o conteúdo, e acreditam nisso; simplesmente migre o conteúdo que foi ensinado na sala de aula face a face para a sala *online*, e tudo ficará bem. Outros aprendem a usar o *software* que foi projetado para as atividades de ensino do curso e pensam que isso é tudo que precisam saber para fazerem uma transição bem-sucedida para o ambiente *online*. Ainda há outros que simplesmente montam um curso e, depois, virtualmente "se afastam", abandonando os estudantes à sua própria sorte, deixando-os praticamente sem rumo ou orientação. Em muitos casos, os instrutores recebem pouquíssima orientação sobre como ensinar *online* e, dessa forma, são colocados em uma posição em que têm que se valer de si mesmos, o que requer que aprendam por si próprios não apenas o sistema de gerenciamento do curso sendo utilizado, mas também como facilitar um curso *online*. Em outras situações, ainda, um membro do corpo docente que possa ter algum conhecimento ou *expertise* em tecnologia pode ser colocado no comando do esforço de treinamento dos docentes da universidade, além de continuar com sua própria carga horária de aulas do curso – muitas vezes, esses membros do corpo docente possuem pouco ou nenhum conhecimento sobre como conduzir um bom desenvolvimento de professores universitários e, consequentemente, têm um fardo adicional de ensino e autotreinamento acrescentado à sua carga de trabalho.

O resultado dessas falsas pressuposições é, frequentemente, o desenvolvimento de cursos que são mal concebidos e que carecem de interatividade, ministrados por docentes frustrados por sua incapacidade de envolver os estudantes. Uma provável consequência é a baixa taxa de matrícula ou a evasão dos cursos e programas *online*. Akridge, DeMay, Braunlich, Collura e Sheahan (2002) sugerem que a retenção de estudantes *online* depende de três fatores: a seleção dos estudantes certos para o programa certo; a utilização de um modelo de ensino altamente focado nos alunos; e o envolvimento dos alunos em nível pessoal. Herbert (2006) descobriu que a capacidade de resposta dos docentes às necessidades percebidas nos estudantes ajuda a aumentar a persistência em cursos *online* e cria um maior grau de satisfação com o processo de aprendizagem. Em outras palavras, bons instrutores e boa instrução são as ferramentas de *marketing* mais fortes que um programa *online* pode ter. Visto que os resultados evidenciados pela pesquisa sugerem que um bom instrutor é a chave para a persistência dos estudantes em cursos *online*, a contratação, o treinamento e a avaliação de bons instrutores *online* devem ser prioridade máxima para a maior parte das instituições *online*. Com o aumento da escala, contudo, vem a necessidade de recrutar e contratar professores universitários que podem não ter a experiência ou as habilidades de que necessitam ao entrarem em um curso ou programa *online*. Consequentemente, o fornecimento de bom treinamento e de incentivos para que se mantenham os bons docentes tornaram-se preocupações cruciais. Os períodos economicamente difíceis, contudo, têm cobrado seu preço sobre o treinamento de professores universitários – quando os orçamentos precisam ser reduzidos, o desenvolvimento dos docentes é o primeiro a ser cortado, deixando cada vez mais os instrutores *online* em uma posição em que eles têm que prosseguir sem treinamento ou encontrar uma maneira de se qualificarem sozinhos.

Esses são os componentes essenciais necessários para lecionar *online*, e mesmo se os docentes estiverem apenas recebendo treinamento técnico antes de começarem a ensinar seu primeiro curso *online*, de que maneira eles saberiam como fazê-lo? O que faz um instrutor *online* ser bem-sucedido e como instrutores excelentes podem ser treinados? Essa é a questão central que será explorada e abordada neste livro. Nem tudo está perdido em termos do desenvolvimento de docentes *online* e do potencial surgimento de instrutores *online* excelentes, apesar dos obstáculos com os quais eles se deparam. Existem, atualmente, muitos recursos disponíveis para os instrutores *online* deixados à mercê de seus próprios esforços para obter um bom treinamento, ou para o membro do corpo docente que foi encarregado de fornecer treinamento a seus pares. Este livro é projetado para ser um desses recursos. Ao explorarmos o que faz um instrutor *online* excelente, como conduzir um treinamento eficaz e como realizá-lo por si próprio caso a instituição não o faça, acreditamos que os docentes podem esforçar-se e alcançar a excelência em seu ensino *online*.

COMO É O INSTRUTOR *ONLINE* EXCELENTE?

A popularidade crescente da instrução *online* trouxe consigo o reconhecimento cada vez maior de que o ensino *online* difere do ensino face a face. Consequentemente, mais atenção tem sido dada para o que constitui experiências educacionais *online* positivas e para as características dos bons instrutores e cursos *online*. Surgiram organizações como a Quality Matters, projetadas para avaliar o *design* de cursos *online*. Docentes de muitas instituições estão sendo treinados como avaliadores da Quality Matters para determinar a qualidade dos cursos projetados por seus pares e oferecer sugestões de melhoria. Além disso, outras instituições, como a Universidade Estadual da Califórnia – Chico (Rubrica para Instrução Online) e a Illinois Online Network (Rubrica da Quality Online Course Initiative, Iniciativa para Cursos Online de Qualidade) publicaram rubricas de design de curso que estão disponíveis *online* para qualquer pessoa que queira avaliar o seu próprio curso. Essas também podem ser usadas como componentes da avaliação do bom *design* de cursos e da prática do ensino *online*. Como a Rubrica da Quality Matters, a Rubrica da Universidade Estadual da Califórnia – Chico foca principalmente os bons elementos do *design*. A Illinois Online Network – QOCI, entretanto, observa os elementos que promovem a colaboração entre os estudantes e a interação entre o estudante e o instrutor.

Em um de nossos livros anteriores (Palloff e Pratt, 2003), salientamos que uma grande parte da literatura sobre melhores práticas no ensino *online* estava limitada ao uso eficaz de várias tecnologias. Desde aquela época, contudo, tem-se dado mais atenção àquilo que constitui a melhor prática em instrução *online*. Isso está em estreito alinhamento com a nossa discussão do artigo de Graham, Kursat, Byung-Ro, Craner e Duffy (2001), que vincula os Sete Princípios de Boa Prática na Educação em Nível de Graduação (*Seven Principles of Good Practice in Undergraduate Education*) de Chickering e Gamson (1987) ao ensino *online*. Graham e colaboradores apontam, a seguir, os sete ensinamentos para a instrução *online*: os instrutores devem fornecer diretrizes claras para a interação com os estudantes; fornecer tarefas de discussão bem-planejadas para promover a cooperação entre os estudantes; encorajar os estudantes a apresentarem uns para os outros os trabalhos do curso; fornecer *feedback* imediato de dois tipos – informação e reconhecimento; fornecer prazos para a entrega de tarefas; fornecer tarefas desafiadoras, amostras de casos e elogios para os trabalhos de alta qualidade, a fim de reforçar as elevadas expectativas; e permitir que os estudantes escolham os tópicos dos trabalhos.

Baseados no trabalho de Weimer (2002) sobre o ensino focado no aluno, a fim de realizarmos todos esses ensinamentos, observamos que diversas mudanças precisam acontecer:

- O equilíbrio de poder precisa mudar – O instrutor *online* age como um facilitador da aprendizagem, permitindo que os estudantes se encarreguem de seu próprio processo de aprendizagem.
- A função do conteúdo precisa mudar – Conforme observado por Carr-Chellman e Duchastel (2001), um bom *design* de curso *online* disponibiliza os recursos de aprendizagem e as atividades instrucionais aos estudantes, em vez de fornecer instrução na forma de aulas expositivas ou de outros meios.
- O papel do instrutor precisa mudar – Pelo estabelecimento da presença *online* forte e ativa, um tópico ao qual retornaremos em maior profundidade, o instrutor demonstra a sua *expertise* e orienta os estudantes em seu processo de aprendizagem.

- A responsabilidade pelas necessidades de aprendizagem precisa mudar – Com o instrutor atuando como guia, recurso e facilitador, os estudantes precisam assumir maior responsabilidade pelo seu próprio processo de aprendizagem.
- O propósito e o processo da testagem e da avaliação precisam mudar – Os meios tradicionais de avaliação, como os testes e os *quizzes*,* nem sempre atendem às exigências quando se trata dessa forma de aprendizagem. Consequentemente, outras formas de testagem, como a autoavaliação e as atividades de aplicação prática, devem ser incorporadas para se avaliar a aprendizagem do estudante e as áreas do curso para sua potencial melhoria (Palloff e Pratt, 2003).

O que estamos discutindo aqui é como seria a boa facilitação em um curso *online*. Porém, como isso se traduz nas características do instrutor *online* excelente? As mesmas características são requeridas, independentemente do nível em que o curso *online* é oferecido: do K-12 até o nível de pós-graduação? Um livro branco orientado à questão que foi publicado logo após uma conferência sobre pedagogia virtual (Kircher, 2001) ofereceu as seguintes características: organizado; altamente motivado e entusiasmado; comprometido com o ensino; apoia a aprendizagem centrada no estudante; aberto a sugestões; criativo; assume riscos; gerencia bem o tempo; atento às necessidades dos alunos; disciplinado; interessado no ensino *online* sem nutrir expectativas por outras recompensas. Savery (2005) oferece o acrônimo VOCAL para descrever o instrutor *online* eficaz. Em outras palavras, o instrutor *online* eficaz é Visível, Organizado, Compassivo, Analítico e um Líder pelo exemplo. O Illinois Online Network (2007) acrescenta outro requisito à lista ao salientar que os bons instrutores *online* possuem uma ampla base de experiência de vida, além das suas credenciais para o ensino; demonstram abertura, preocupação, flexibilidade e sinceridade (características que equiparamos, consistentemente, à excelência *online*); sentem-se confortáveis ao se comunicarem por escrito (uma característica também destacada por Kearsley, s.d.); aceitam que o modelo facilitado de ensino é tão poderoso quanto os métodos tradicionais de ensino; valorizam o pensamento crítico; e são experientes e bem treinados em ensino *online*. Kearsley (s.d.) também menciona que possuir experiência com instrução *online* como aluno tam-

---

* N. de R.T.: O termo *quiz* em inglês se refere a testes breves. Estes podem ser realizados por meio de questões escritas ou orais e, por vezes, na forma de jogos entre os participantes.

bém ajuda, algo que apoiamos incondicionalmente. Claramente, é esse último componente – ter bom treinamento em instrução *online* – que iremos enfatizar neste livro, e argumentamos que, independentemente do nível educacional do estudante matriculado na aula *online*, é esse o componente-chave para a excelência. Antes de embarcarmos nessa exploração, contudo, queremos nos aprofundar em algumas áreas que consideramos significativas no desenvolvimento da excelência *online* – a capacidade de estabelecer presença, criar e manter uma comunidade de aprendizagem, e desenvolver e facilitar de maneira eficaz os cursos *online*.

A IMPORTÂNCIA DE ESTABELECER PRESENÇA

Estabelecer presença é a principal prioridade em uma aula *online*, e a capacidade do instrutor de fazê-la de forma eficaz, bem como de ser capaz de encorajar o seu desenvolvimento entre os estudantes, é uma medida da excelência do instrutor *online*. Estabelecer presença é o processo de demonstrar aos outros quem somos no ambiente *online* e de fazer contatos sociais com aqueles que compartilham esse ambiente conosco. Este é o conceito de visibilidade conforme descrito por Savery (2005), e é crucial para os estudantes perceberem que o instrutor está prestando atenção neles e nas suas necessidades de aprendizagem. Além disso, Savery observa que, quando os estudantes são capazes de estabelecer seu próprio senso de presença, os instrutores ficam seguros de que eles estão participando das tarefas de aprendizagem que fazem parte do curso.

Estabelecer presença é algo que raramente consideramos ao ensinarmos presencialmente. Nesse cenário, os estudantes podem nos ver e ouvir, bem como ver e ouvir uns aos outros. Até certo ponto, eles estabelecerão um senso de quem é seu instrutor e de quem são seus colegas simplesmente por estarem no mesmo espaço físico, embora Picciano (2002) advirta que isso nem sempre acontece sem que haja esforço. Em um ambiente *online*, entretanto, um esforço para estabelecer presença é sempre necessário. "Em ambientes *online*, há uma maior possibilidade de ocorrer uma sensação de perda entre os alunos – perda do contato, perda da conexão e, como resultado, uma sensação de isolamento. Consequentemente, deve-se dar atenção ao desenvolvimento intencional da presença" (Palloff e Pratt, 2007, p. 31).

Savery (2005) discute os meios pelos quais a presença pode ser estabelecida *online*, incluindo o desenvolvimento e a manutenção, por parte do instrutor, de um *website* que delineie tanto informações pessoais quanto profissionais, respostas em fóruns de discussão que indiquem que as postagens estão sendo lidas, mensagens de *e-mail* para a turma sobre vários tópicos, bem como anúncios e *banners* na *homepage* do curso, manutenção de um calendário compartilhado e o possível uso de clipes de áudio e vídeo. Acrescentamos a essa lista o uso de mídias síncronas, tais como o Skype (um aplicativo que permite conferências *online*, juntamente com bate-papo, um *whiteboard*, etc.) ou as tecnologias de sala de aula virtual (como WebEx, Elluminate ou Adobe Connect, que fornecem ambientes de salas de aula virtuais para serem acessados em tempo real), de forma que os estudantes possam ouvir o instrutor e os outros colegas; os *blogs* do instrutor (ou *Web Logs*, que permitem ao instrutor, ou aos alunos, a manutenção de diários *online*); e a utilização de tecnologias de redes sociais, tais como o Facebook e o Twitter, para o compartilhamento de atualizações de informações de natureza tanto pessoal quanto profissional. Embora no momento não estejamos lecionando no Second Life (um mundo virtual que permite simulações), muitos instrutores acham que também ele contribui para uma sensação de presença, mesmo com a utilização de avatares que podem ou não representar os participantes do lado de fora do mundo virtual.

A intenção é criar uma sensação de conexão com os alunos que estão separados pelo tempo e pelo espaço. Desse modo, o nível de interação no curso *online* aumenta – quando a presença social é baixa, a interação também é baixa, e vice-versa (Stein e Wanstreet, 2003). A presença está associada à instrução *online* eficaz (Gunawardena, 1995), à maior profundidade de aprendizagem (Picciano, 2002; Richardson e Swan, 2003; Rovai e Barnum, 2003), e à satisfação do aluno com o processo de aprendizagem *online* (Gunawardena e Zittle, 1997; Rovai e Barnum, 2003). A capacidade de se criar presença como um caracterizador de excelência do instrutor – e como incorporar esssa questão ao desenvolvimento dos docentes – é um tópico ao qual retornamos no Capítulo 2 e em seções mais avançadas do livro.

ENVOLVENDO OS ALUNOS E CRIANDO COMUNIDADE

A capacidade de estabelecer presença está fortemamente conectada à capacidade do instrutor de criar um senso de comunidade entre os alunos em um curso *online*. Picciano (2002) observa que um senso de presença social correlaciona-se a um senso de pertencimento a uma comunidade de aprendizagem, e Garrison, Anderson e Archer (2003), como nós, identificam-no como um precursor do desenvolvimento da comunidade. Wenger (1999) menciona que os aspectos sociais da educação são os mais importantes e que é preciso dar atenção a eles antes de se aprofundar na exploração do conteúdo. No ambiente *online*, a atenção aos aspectos sociais do envolvimento torna-se mais difícil. Conforme observamos em nossas abrangentes discussões sobre a criação de comunidade, o estabelecimento desta satisfaz uma necessidade de pertencimento, reduz o isolamento do aluno, melhora os resultados da aprendizagem e cria uma meta compartilhada para ela. Brook e Oliver (2003) concluíram, após uma vasta revisão da literatura existente sobre comunidade de aprendizagem *online*, que "há um forte apoio para a suposição de que o fenômeno social da comunidade pode ser bem aproveitado no apoio à aprendizagem *online*. Isso é sustentado por teorias de aprendizagem que destacam o papel da interação social na construção do conhecimento" (p. 150). Charalambos, Michalinos e Chamberlain (2004) descrevem o que acreditam ser as características comuns da comunidade de aprendizagem, que incluem senso de responsabilidade entre os participantes em relação às tarefas distribuídas e aos seus pares; visão conjunta e controle da comunidade compartilhado igualmente entre os membros; um ambiente seguro, onde opiniões possam ser livremente compartilhadas e perguntas possam ser feitas sem medo de críticas; dependência estrutural que estabeleça a necessidade de se interagir e compartilhar recursos; e suporte mútuo entre os membros e os subgrupos.

A comunidade de aprendizagem, então, torna-se o veículo por meio do qual o curso é conduzido de maneira eficaz (Palloff e Pratt, 2005, 2007). "Ao aprender em conjunto em uma comunidade de aprendizagem, os estudantes têm a oportunidade de ampliar e aprofundar sua experiência de aprendizagem, testar novas ideias ao compartilhá-las com um grupo de apoio e receber *feedback* crítico e construtivo" (Palloff e Pratt, 2005, p. 8). Os resultados mensuráveis da formação da comunidade incluem a interação ativa em relação ao conteúdo do curso e, em nível pessoal, as tentativas de aprendizagem colaborativa evidenciadas pela crescente interação entre alunos, o significado socialmente construído evidenciado pelo questionamento e pela concordância sobre questões de conteúdo e significado, o compartilhamento de recursos entre os alunos, as expressões de apoio e encorajamento entre eles, juntamente com uma disposição de criticar construtivamente o trabalho de outros (Palloff e Pratt, 2007).

Essa discussão suscita a pergunta: como isso se correlaciona à excelência do instrutor quando o foco está na conexão entre alunos? Um instrutor *online* excelente saberá como iniciar o processo, facilitá-lo de maneira eficaz e, então, sair do caminho e observar os resultados, intervindo, quando necessário, como uma fonte para compartilhar *expertise* e orientar o processo. Os instrutores iniciantes nos ambientes *online* podem ter dificuldades com a transição do papel de figura central do processo de aprendizagem para o de facilitador ou guia desse processo. A execução dessa transição é um tópico que discutimos em maior profundidade no Capítulo 2, quando falamos sobre o processo de desenvolvimento de docentes para a instrução *online*, e novamente no Capítulo 3, quando discutimos técnicas de treinamento. Para efeito dessa discussão, entretanto, é importante mencionar que um sinal da excelência de instrutores *online* é a evidência dos elementos que sentimos serem essenciais para a criação da comunidade de aprendizagem *online* – a disposição de ceder o controle do processo de aprendizagem aos alunos e de empoderá-los para que se encarreguem dele; a demonstração de presença por meio da capacidade de resposta e da comunicação clara e respeitosa, utilizando-se vários meios para tanto; e o desenvolvimento e a implementação de um *design* instrucional que permita que tudo isso aconteça. É para este último tópico que voltamos agora nossa atenção.

EXCELÊNCIA NO DESENVOLVIMENTO DE CURSOS

Como avaliamos cursos *online* eficazes e como isso pode se tornar um indicador da excelência no ensino *online*? Uma resposta importante a essa pergunta foi o desenvolvimento e a aplicação da Rubrica da Quality Matters. Baseada em extensas e contínuas revisões da literatura sobre o tópico do *design* eficaz de cursos *online*, a Quality Matters, desenvolvida pela Universidade de Maryland, utiliza uma abordagem de avaliação interpares para a determinação da efetividade e para oferecer sugestões para a melhoria da qualidade dos cursos. O foco está no desenvolvimento do curso, em vez de sua implementação e facilitação, baseado no preceito de que o bom *design* é decisivo para um bom ensino. A rubrica utilizada pela Quality Matters considera oito categorias, incluindo a visão geral e a introdução do curso; os objetivos de aprendizagem; a forma como os resultados são verificados e medidos; os recursos e materiais utilizados; as atividades que promovem o envolvimento dos alunos; a tecnologia em uso e, especificamente, se a tecnologia dá suporte aos objetivos de aprendizagem especificados; o fornecimento de *links* para o suporte aos alunos e a acessibilidade do curso para alunos portadores de deficiência. O acesso à Rubrica da Quality Matters e às avaliações de cursos baseadas na rubrica se dá por meio de assinatura.

Se uma instituição não está conectada à Quality Matters, como pode um instrutor determinar se o seu curso está projetado de maneira eficaz? Por sorte, uma crescente quantidade de material publicado está tratando desse tópico. Nossa própria revisão da literatura (Palloff e Pratt, 2009) nos permitiu estabelecer as seguintes categorias de avaliação para um curso *online*: a percepção dos estudantes da experiência global do curso *online*; a orientação para o curso e para os seus materiais; a quantidade e a qualidade do material apresentado e a maneira como ele é abordado; as atividades que promovem discussão e interação entre os estudantes e entre estudantes e instrutor; a autoavaliação dos alunos em relação à participação e à *performance* no curso, bem como o grau de contribuição para a aprendizagem de outros; a facilidade de utilização do Sistema de Gerenciamento de Cursos e a sua capacidade de apoiar a aprendizagem; o acesso aos recursos de suporte técnico; e o acesso aos recursos importantes para a aprendizagem dos estudantes. Retornamos a esses tópicos de forma mais detalhada no Capítulo 8, quando discutimos o vínculo entre os docentes e a avaliação do curso e o desenvolvimento dos docentes. Basta dizer que a excelência do *design* trará referenciais importantes para as categorias delineadas – os alunos buscam clareza e variedade nas tarefas (Chaney, Eddy, Dorman, Glessner, Green e Lara-Alecio, 2007; Gaytan e McEwen, 2007), envolvimento tanto coletivo quanto individual, por meio da discussão, da reflexão e da investigação acadêmica (Gunawardena, Ortegano-Layne, Carabajal, Frechette, Lindemann e Jennings, 2006; Hawkes, 2006), materiais relevantes que sejam adequados ao nível dos alunos do curso (Lynch e Dembo, 2004), uma interface de aprendizagem que apoia a interação (Aycock, Garnham e Kaleta, 2002; Beldarrain, 2006; Liao, 2006), e acesso ao suporte (Chaney et al., 2007).

FORNECENDO FACILITAÇÃO EFICAZ AO LECIONAR CURSOS DESENVOLVIDOS POR OUTROS

Nem todos os instrutores possuem a capacidade de fazer o *design* dos cursos que lecionam. Como as instituições buscam a capacidade de alinhar o *design* do curso ao crescimento de seus programas *online*, a resposta frequente é ter um membro do corpo docente responsável pelo *design* de um curso que seja lecionado por muitos, ou que o mesmo membro do corpo docente possa trabalhar com uma equipe de desenvolvimento de curso, novamente com a meta de criar um curso que possa ser lecionado por qualquer membro do corpo docente. Nesse caso, a facilitação eficaz e o conhecimento sobre como adaptar ou modificar um curso escrito por outro instrutor são os principais indicadores de excelência. Um administrador com quem trabalhamos observou que um bom instrutor pode ensinar praticamente qualquer coisa se estiver bem preparado. Assim, um instrutor *online* bem treinado deve ser capaz de avaliar de maneira eficaz um curso e de determinar como esse deve ser melhor lecionado.

A primeira pergunta que o instrutor deve fazer a si mesmo nessa situação é: o quanto posso customizar este curso? A customização deve envolver a avaliação sobre que materiais podem ser utilizados ou devem ser eliminados, o acréscimo de atividades colaborativas ou de questões de discussão adicionais, e a capacidade de promover interatividade e de criar comunidade. A meta deve ser fazer tudo isso sem sacrificar os objetivos de aprendizagem delineados no curso, mantendo-se fiel às metas que este está tentando alcançar. Nós dois somos convocados para lecionar cursos que não projetamos. Nossa primeira resposta é a modificação, com ações como criar *banners* para produzir apelo visual, adicionar fóruns de discussão que promovam a construção de comunidades, adicionar um *blog* ou uma tarefa em formato *wiki* armazenada fora do Sistema de Gerenciamento de Cursos, tudo a serviço do estabelecimento de presença, promovendo a colaboração e criando comunidade.

Às vezes, as instituições pedirão aos instrutores que lecionem um curso exatamente como ele foi escrito, limitando a capacidade de customizá-lo. Nesses casos, os instrutores ainda têm a possibilidade de, caso a interatividade e o acesso ao conteúdo e aos recursos sejam insuficientes, aperfeiçoá-los por meio do uso de *wikis*, *blogs*, *sites* de redes sociais, atividades de pesquisa na internet e *e-mail*. Um dos principais critérios de excelência do instrutor é a capacidade de promover interação. Consequentemente, devem ser feitos todos os esforços para tanto, independentemente dela existir ou não no curso.

BOA FACILITAÇÃO *ONLINE*: O QUE ESTÁ ENVOLVIDO?

Nossa ênfase, conforme exploramos o tópico da excelência e do desenvolvimento dos docentes, está na importância das habilidades de boa facilitação. A facilitação habilidosa possibilita que os estudantes interajam uns com os outros e com o instrutor em um nível elevado. Os bons facilitadores monitoram a discussão, fazendo perguntas de sondagem para estendê-la, postam avisos e fornecem *feedback* imediato aos estudantes. Os indicadores de que a facilitação eficaz está ocorrendo em um curso *online* incluem o uso de atividades para "quebrar o gelo" no início do curso e, possivelmente, em intervalos durante toda a sua duração, de forma que os estudantes possam conhecer uns aos outros e se divertir ao fazê-lo. Um espaço comum ou café está incluído no curso e estudantes são encorajados a usá-lo. Expectativas claras em relação à participação, juntamente com as expectativas referentes à conclusão de tarefas, são postadas no início do curso, e os estudantes são convidados a comentá-las. Além disso, a discussão é uma parte clara e regular do curso e o *input* do instrutor nessa discussão é visível – fazendo perguntas para aprofundar o nível do discurso e fornecer *feedback* em postagens e tarefas. O *feedback* é oportuno e os cronogramas são explicados no início do curso. O instrutor e outros estudantes oferecem informações e conteúdos adicionais para que os alunos os explorem e considerem. Pode ser que o instrutor não aja como o único facilitador para o curso – essa responsabilidade pode ser compartilhada com os alunos; contudo, é ele que modela a boa facilitação para promover essas habilidades nos alunos.

Dadas as diferenças entre a instrução face a face e a abordagem facilitada que melhor funciona *online*, não seria realista esperar que os instrutores iniciantes nessa forma de educação simplesmente saibam o que fazer. A habilidade no ensino *online* desenvolve-se ao longo do tempo e com bom treinamento. Qual é o processo pelo qual um membro do corpo docente poderia passar ao longo de seu desenvolvimento para ser um instrutor *online* excelente? Quais formas e abordagens de treinamento de docentes têm maior probabilidade de sucesso nesse esforço? Os professores universitários devem ser encorajados a começar com instrução híbrida que combine a distribuição face a face com a *online* e, então, mudar gradualmente para uma aula totalmente *online*? Essas são perguntas que exploramos no Capítulo 2. Além disso, avaliamos o tópico do grau de preparação para o ensino *online* – quem deve ensinar e como saberemos se eles estão prontos para assumir essa tarefa?

PONTOS-CHAVE QUE DEFINEM O INSTRUTOR *ONLINE* EXCELENTE

Baseados em nossa discussão até este ponto, alguns dos elementos-chave que definem a excelência do ensino *online* são:

- O instrutor *online* excelente compreende as diferenças entre o ensino *online* e o face a face, e pode implementá-las de maneira eficaz no desenvolvimento e na facilitação das aulas *online*.
- O instrutor *online* excelente está comprometido com essa forma de ensino e utiliza o ambiente *online* a seu favor ao lecionar em ambientes virtuais.
- O instrutor *online* excelente é capaz de estabelecer presença no início do curso e encorajar os estudantes a fazerem o mesmo.
- O instrutor *online* excelente é altamente motivado e, por sua vez, é um bom motivador para os estudantes.
- O instrutor *online* excelente compreende a importância da construção da comunidade e dedica tempo no início das aulas a essa função.
- O instrutor *online* excelente promove interatividade entre os estudantes, por meio do desenvolvimento de boas questões de discussão que os envolvem e os encorajam a buscar material de resposta por si próprios.
- O instrutor *online* excelente incorpora o trabalho colaborativo ao *design* e à implementação de uma aula *online*.
- O instrutor *online* excelente respeita os estudantes, tratando-os como parceiros no processo de aprendizagem.
- O instrutor *online* excelente é ativo e engajado ao longo de todo o curso, fornecendo *feedback* oportuno e construtivo durante todo esse período.
- O instrutor *online* excelente é aberto, flexível, compassivo, responsivo e lidera pelo exemplo.

Essa lista poderia ser aplicada a qualquer instrutor excelente, esteja ele lecionando preferencialmente ou *online*. A principal diferença aqui é que o instrutor *online* excelente realiza tudo isso por meio do uso de tecnologia – o principal diferencial de um instrutor *online* excelente – e, em muitos casos, sem nunca encontrar os seus alunos pessoalmente.

TORNANDO-SE SEU PRÓPRIO MENTOR

Hara e Kling (2000) mencionam que os estudantes precisam de instrução clara em relação às expectativas e às tarefas do curso, de garantia de que suas ideias estão no caminho certo, de uma carga razoável em termos de quantidade de leitura, de postagem e de elementos como *e-mail*, de *feedback* imediato e sem ambiguidade e de suporte técnico. A Illinois Online Network (2007) fornece uma lista do que os participantes da experiência online podem esperar do facilitador-instrutor. Essa lista inclui a criação de tarefas que incorporam a vida e as experiências educacionais dos estudantes, que possibilitam ao estudante traduzir, com facilidade, a teoria para a prática, e que envolvem pouca ou nenhuma instrução específica ou adicional.

O desenvolvimento de capacidade ou de habilidade em uma área envolve fazer primeiro um inventário das habilidades que você possui, de forma que você perceba as áreas que precisa focar. Ao iniciar a jornada em direção à excelência, você deve pensar sobre as seguintes tarefas e perguntas de autoapreciação, completá-las e respondê-las:

- Escreva uma carta introdutória para os estudantes que descreva quem você é, como você ensina ou facilita, e o que espera dos seus alunos. Entregue essa carta aos estudantes e peça um *feedback* a eles – Quais perguntas não foram respondidas? Como ela pode ser melhorada?
- Avalie sua própria capacidade de estabelecer presença e de criar comunidade em seu curso *online*. Como você realiza isso atualmente? Como você poderia mudar ou melhorar a abordagem?
- Concentre-se em uma unidade do seu curso *online* – Como você poderia aumentar a interatividade nessa unidade? Como poderia refazer o *design* para empoderar os alunos para que assumam a maior parte da responsabilidade pelo processo de aprendizagem? Como poderia verificar os resultados de aprendizagem sem a utilização de um teste ou *quiz*?

- Atualmente, com que frequência você fica conectado no seu curso *online*? Você acha que deve se conectar com que frequência? A sua turma necessita de mais atenção sua?
- Quantas das características do instrutor *online* excelente você possui atualmente? Como você poderia progredir no desenvolvimento das características que talvez não possua?

2
Fases de desenvolvimento

Cravener (1998) relata uma discussão por *e-mail* com uma estudante de pós-graduação que descreve as suas experiências pouco satisfatórias com aulas *online*. A estudante escreveu que "durante os três anos em que fez cursos a distância de uma universidade conceituada, os professores deixaram muito claro que sabiam pouco sobre a tecnologia, não desejavam gastar tempo com a tecnologia e que preferiam não ensinar a distância, se fosse possível" (p. 1). Apesar de que adoraríamos dizer que isso mudou drasticamente na última década, sabemos que ainda há muitos professores que se sentem dessa maneira. Em uma recente conversa por telefone, um administrador de uma universidade que tem oferecido aulas de forma híbrida revelou que os seus docentes prefeririam fazer um tratamento de canal a se envolver com o fórum de discussão no ambiente *online* de suas aulas! Tendo em conta que consideramos os fóruns de discussão o coração de um curso *online*, esse comentário é um indicador de que continuam havendo mal-entendidos sobre como o ensino *online* é melhor conduzido e de que persiste a necessidade de treinamento para que se alcance a excelência *online*.

Instrutores *online* excelentes raramente surgem "de imediato", mas desenvolvem suas habilidades ao longo do tempo. Benor (s.d.) apresenta uma abordagem em fases para o desenvolvimento, entre os docentes, de novos instrutores, começando com a orientação para a universidade, e então partindo para o treinamento em habilidades instrucionais básicas, habilidades instrucionais específicas pertinentes à disciplina do instrutor e, finalmente, no desenvolvimento de liderança educacional. Ele descreve em pormenores o desenvolvimento dos docentes como um processo de crescimento pessoal que envolve a exposição repetitiva à educação enquanto disciplina, a incorporação de *feedback* a partir da experiência real em experiências de treinamento, e a autosseleção de tópicos e de áreas de interesse para o desenvolvimento constante. O envolvimento dos professores na escolha do que necessitam aprender nos esforços de desenvolvimento de docentes é ecoado por diversos autores que exploram esse tópico (POD Network, 2007; Cravener, 1998; Travis, 1995-96). A POD (Professional and Organizational Development, Desenvolvimento Profissional e Organizacional) Network (2007) aponta que os programas de desenvolvimento de docentes focam o membro do corpo docente como professor, o membro do corpo docente como acadêmico e profissional e o membro do corpo docente como pessoa. Eles observam que a direção do programa deveria ser determinada pelo corpo docente e apoiada pela administração. Nossa experiência no desenvolvimento de professores para o ensino *online* é a de que o ímpeto para tais programas vem de muitas fontes – dos centros de ensino e aprendizagem nos *campi*, dos administradores interessados na expansão da oferta de cursos na arena *online* e dos próprios docentes, que podem querer se tornar mais qualificados para o trabalho *online*. Como o instrutor de sala de aula, o instrutor *online* precisa de uma abordagem de treinamento que trate de onde ele (ou ela) está no processo de desenvolvimento de habilidades para o ensino *online* – não há uma abordagem de formato único.

As fases do "surgimento" de um bom instrutor *online,* juntamente com suas necessidades de treinamento, serão exploradas neste capítulo ao lado do que é necessário para apoiar o desenvolvimento. Este capítulo também trata do grau de preparação dos docentes para o ensino *online* e de um modelo de desenvolvimento de docentes por fases, que inclui:
- Desenvolvimento e estabelecimento de presença.
- A incorporação de experiências de sala de aula e de *feedback* de estudantes no desenvolvimento de docentes.
- O uso de mentores e de entusiastas da área.
- Desenvolvimento avançado – o desenvolvimento em educação continuada.

GRAU DE PREPARAÇÃO DOS DOCENTES PARA O ENSINO *ONLINE*

Como os estudantes, os professores às vezes são atraídos pelo ensino *online* devido à sua conveniência – tanto os docentes quanto os estudantes podem se envolver na aprendizagem *online* a qualquer hora do dia ou da noite. Alguns professores são atraídos pelo ensino *online* porque ele é, claramente, a última tendência em ensino, e eles querem permanecer empregáveis e ficar "por dentro" dos progressos recentes. Porém, outros são simplesmente designados para o ensino *online* e não lhes é dada qualquer opção sobre o assunto. Muitos docentes têm pouca, ou nenhuma, ideia sobre o que envolve o ensino *online*, o veem como não sendo diferente da sala de aula tradicional e, uma vez que o tenham começado, experimentam o que Mezirow (1990) denomina um "dilema desorientador" conforme penetram em um ambiente que é estranho a eles. Na sala de aula *online*, descobrem que não podem contar com a sua *expertise* disciplinar nem com a confiança que depositam naquilo que sempre fizeram para ajudá-los a fazer a transição. Recentemente, um de nós recebeu um telefonema de uma recém-doutora que se candidatou, em um grande número de universidades, a uma vaga de trabalho para lecionar *online*, e estava frustrada por não ter sido sequer considerada. Com o desenrolar da conversa, ficou evidente que ela nunca tinha assistido a uma aula desse tipo e que não tinha a menor ideia do que se passa em uma delas. Ela não conseguia entender como um instrutor poderia estar na Califórnia e trabalhar com estudantes em Nova Iorque, dadas as diferenças de fuso horário. Claramente, as realidades do ensino *online* eram desconcertantes para ela, que não conseguia imaginar como lidar com essa desorientação de forma a ser contratada. Primeiro, ela foi aconselhada a pesquisar sobre o que trata o ensino *online* e, possivelmente, assistir a uma aula desse tipo antes de continuar sua procura por um emprego, de forma que ela estaria melhor capacitada a se apresentar aos potenciais empregadores e a demonstrar compreensão sobre o que ela estava esperando fazer. Esse exemplo demonstra um dos problemas enfrentados pelos docentes *online* principiantes: eles nem mesmo sabem as perguntas que devem fazer ao começar.

Como sabemos se uma pessoa está pronta para ingressar no ensino *online*? O que é preciso para, pelo menos, começar a trabalhar na área? Assim como existem testes *online*, em vários locais na internet, para que os potenciais estudantes *online* façam a autoavaliação do seu sucesso potencial nessas aulas, tal autoavaliação também existe para professores. A Universidade Estadual da Pensilvânia e a Universidade da Flórida Central (2008) colaboraram no desenvolvimento de uma autoavaliação abrangente que possibilita aos docentes explorarem suas habilidades e capacidades em quatro categorias: organização e gerenciamento do tempo, habilidades de comunicação *online*, experiência em ensino e em ambientes *online*, e habilidades técnicas. Depois que a avaliação é completada, o potencial instrutor recebe um relatório, *online* e via *e-mail*, que fornece *feedback* em relação às respostas, juntamente com informações sobre cada categoria, que dão suporte a esse *feedback* e oferecem conselhos para o desenvolvimento desse profissional. A avaliação focaliza o planejamento e a organização e considera a experiência e o conforto do novo (ou potencial) instrutor em relação a várias formas de tecnologia, incluindo sistemas gestores de cursos, processadores de texto e tecnologias de redes sociais. Há uma pergunta dedicada à capacidade de desenvolver presença *online*, mas não há perguntas que avaliem a capacidade do membro do corpo docente em potencial de ajustar o seu estilo de ensino àquilo que lhe é exigido ao ensinar *online*. Em outras palavras, qual é a orientação do membro do corpo docente em relação à aprendizagem ativa e colaborativa, e como ele (ou ela) vê a criação de uma comunidade de aprendizagem na distribuição de cursos *online*? Oferecemos nossa própria versão desse tipo de autoavaliação no Apêndice A: Recursos para desenvolvedores de docentes e para aqueles que estão encarregados do desenvolvimento de docentes.

A avaliação do grau de preparação dos docentes para o ensino *online* deve ser baseada nos critérios para a excelência em instrução *online* que começamos a discutir no Capítulo 1. Para reiterar, os critérios para o instrutor *online* excelente incluem:

- *Visibilidade* – o instrutor *online* excelente pode estabelecer presença e está frequentemente presente no ambiente *online*.
- *Compaixão* – definida pela abertura, preocupação, flexibilidade, equidade e honestidade – O instrutor *online* excelente expressa consideração positiva e sincera para com os estudantes e oferece instrução focada e centrada no estudante.
- *Comunicação* – o instrutor *online* excelente comunica-se frequentemente com os estudantes, fornece *feedback* substancial e comunica-se bem ao utilizar tecnologia.
- *Compromisso* – o instrutor *online* excelente não é apenas um professor apaixonado e comprometido, mas também percebe o valor

do ensino *online* e vê o modelo facilitado de ensino como rigoroso e poderoso. O instrutor *online* excelente é motivado e bom motivador.
- *Organização* – o instrutor *online* excelente é organizado e um bom gerenciador do tempo.

Presume-se que o instrutor *online* excelente seja um *expert* em sua disciplina. Isso não é necessariamente um pré-requisito próprio do ensino *online* excelente, já que presumimos que todos os docentes são contratados para ensinar justamente devido à sua *expertise* disciplinar. O instrutor *online* excelente compreende, contudo, que o contexto para o uso de tecnologia no ensino é a disciplina; em outras palavras, ele é capaz de fazer as conexões entre os resultados de aprendizagem que têm como objetivo o uso de tecnologia para alcançá-los, usando essas tecnologias como um veículo para o bom aproveitamento por parte dos alunos. Como mencionamos anteriormente, os docentes não atingem a excelência *online* em seu primeiro curso. Com isso como pano de fundo, voltemo-nos agora para uma discussão sobre o que está envolvido na condução dos docentes em direção à excelência.

AS FASES DE DESENVOLVIMENTO DE DOCENTES *ONLINE*

Nossa experiência na condução do desenvolvimento de docentes para o ensino *online* abrange mais de uma década e nos demonstrou que os docentes passam, de fato, por fases de desenvolvimento. Identificamos cinco fases distintas, as quais chamamos de:
- *Visitante* – aqueles docentes que brincaram com a ideia da integração de tecnologias em suas aulas face a face e que podem ter postado *online* uma ementa da disciplina ou tarefas, ou ter utilizado *e-mail* para a conclusão de tarefas.
- *Principiante* – aqueles docentes que nunca lecionaram *online* e que podem, ou não, ter feito um curso *online* no papel de estudantes, mas que postaram *online* uma ementa de forma consistente e utilizaram algumas tecnologias de comunicação para suplementar seu ensino presencial.
- *Aprendiz* – aqueles docentes que lecionaram *online* por um ou dois períodos letivos. Podem ter lecionado mais de um curso por período. Estes estão desenvolvendo uma compreensão do ambiente *online* e das habilidades necessárias para este tipo de ensino.

- *Iniciado* – aqueles docentes que ensinaram *online* por mais de dois semestres e que lecionaram mais de um curso por período letivo. Eles sentem-se confortáveis no ambiente *online*, são proficientes na tecnologia de gerenciamento de cursos e possuem uma compreensão básica das habilidades necessárias para o ensino *online*. Podem ter feito o *design* de um ou mais cursos do tipo.
- *Mestre* – aqueles docentes que lecionaram *online* em múltiplos períodos letivos e que fizeram o *design* de diversos cursos *online*. Eles dominaram a tecnologia necessária para o ensino *online* e, provavelmente, integraram ao seu ensino tecnologia que vai além do Sistema de Gerenciamento de Cursos. Sentem-se extremamente confortáveis com as habilidades necessárias para o ensino *online* e podem ser chamados para auxiliar os pares que estão recém começando nesse ambiente de ensino.

Claramente, essas fases não são finitas – alguns docentes que podem ser considerados aprendizes ou mesmo iniciados podem ver a si mesmos como principiantes, dependendo do quão bem eles compreendem o que é exigido deles em um ambiente *online*. Consequentemente, os docentes em cada estágio de desenvolvimento podem ter muitas necessidades diferentes de treinamento. Entretanto, há quatro categorias necessárias que, acreditamos, estão presentes em cada fase e que vão além do foco no gerenciamento de tempo e do uso de tecnologia, que são os tópicos frequentemente enfatizados em programas de desenvolvimento de docentes em muitas faculdades e universidades. Elas são:

- *Pessoal* – foca o instrutor como uma pessoa e inclui elementos como o estabelecimento de presença e o desenvolvimento da confiança na capacidade de um indivíduo ensinar *online*.
- *Pedagogia* – foca as habilidades e as técnicas que envolvem o ensino e a cultura *online*, incluindo uma compreensão das teorias que dão sustentação a esse ensino e à capacidade de se desenvolver uma comunidade de aprendizagem *online*.
- *Conteúdo* – foca a disciplina que o membro do corpo docente leciona e como o conteúdo dela é melhor disseminado *online*.
- *Tecnologia* – foca o desenvolvimento da habilidade com o Sistema de Gerenciamento de Cursos em uso; escolhe as tecnologias que atendem aos objetivos de aprendizagem, assim como as tecnologias adjuntas que podem ser incorporadas ao desenvolvimento de um curso *online*, bem como ao ensino.

As categorias necessárias não possuem, obrigatoriamente, o mesmo peso durante as fases desenvolvimentais. Por exemplo, os membros principiantes do corpo docente provavelmente terão maiores necessidades nas áreas pessoal e pedagógica. Suas necessidades na área de tecnologia provavelmente estariam focadas em simplesmente colocar o Sistema de Gerenciamento de Cursos para trabalhar para eles na oferta de seus cursos, mas não estariam focadas no desenvolvimento de uma habilidade tecnológica de alto nível. Provavelmente, o conteúdo também ocuparia uma posição secundária em relação à simples descoberta do que se fazer em um primeiro momento. Por outro lado, os docentes mais velhos ou mestres estariam mais focados no desenvolvimento de habilidades tecnológicas de alto nível e no avanço dos estudos sobre ensino *online*. A Figura 2.1 é uma representação gráfica do modelo, o qual possui uma natureza cíclica não para representar que os docentes começam o processo novamente, mas para indicar que os docentes mestres tornam-se treinadores e mentores dos demais no ciclo, uma vez que tenham atingido aquele nível. Além disso, a listagem dos elementos dentro de cada categoria difere, dependendo da sua importância para aquele grupo de docentes. Os elementos em cada categoria são listados colocando-se o mais importante no topo da lista, continuando até que se chegue ao elemento menos importante naquela categoria.

Veremos agora cada fase e a sua conexão com as quatro categorias descritas no modelo.

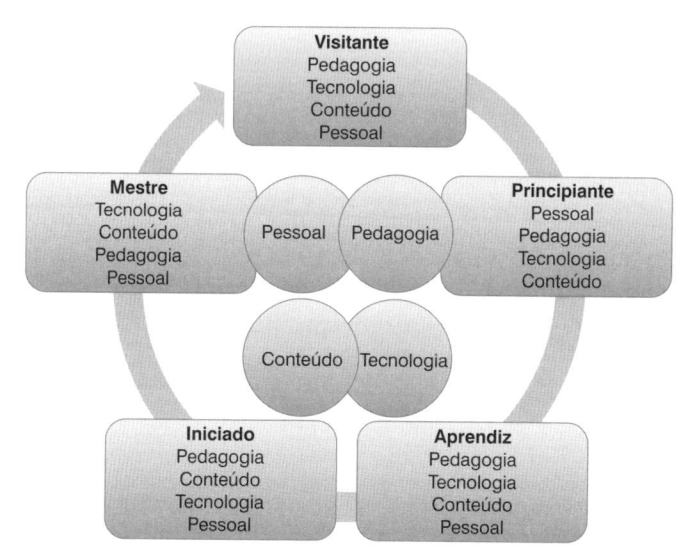

Figura 2.1 Fases do desenvolvimento de docentes *online*.

Visitante

Os visitantes do ensino *online* são curiosos sobre as suas possibilidades, mas podem evitar comprometer-se totalmente com o ensino *online* devido a preocupações em relação ao tempo e ao seu conhecimento da tecnologia. Portanto, eles têm a tendência de utilizar os elementos dos Sistemas de Gerenciamento de Cursos ou das tecnologias de comunicação com os quais se sentem confortáveis. Muitas vezes, isso redunda na postagem *online* de uma ementa de disciplina ou em seu envio como anexo em um *e-mail* e na utilização de *e-mails* para a comunicação com os estudantes. Raramente o visitante vai além desse ponto em um período letivo ou em uma aula, e pode não utilizar essas tecnologias de forma consistente, preferindo comunicar-se face a face com os estudantes. Eles podem ser céticos, precisando de um pouco de convencimento para seguir em frente. Muitas vezes, perguntarão coisas como: qual é o objetivo do ensino *online*? Como isso beneficiará a mim e aos meus alunos? Como posso justificar o tempo que se leva para ensinar *online*? O ensino presencial não é mais rigoroso e eficaz?

Os visitantes podem ou não assistir a seminários sobre integração de tecnologias, oferecidos por sua faculdade ou universidade, contanto que cubram os seus tópicos de interesse. Como estão recém entrando no mundo virtual, eles poderiam ficar mais impressionados por sessões individuais ou grupos pequenos, no nível do departamento, ou por demonstrações do uso de tecnologia que vinculem claramente a sua utilização aos resultados da aprendizagem (Zhu, 2008). Teclehaimanot e Lamb (2005) descreveram um programa de desenvolvimento de docentes para a integração de tecnologia ao ensino com duração de três anos. Eles começaram com uma pesquisa na qual se perguntava aos docentes o que eles queriam aprender, e foram desenvolvidos *workshops* em torno desses tópicos, muitos dos quais não se aplicavam ao ensino *online* (como sobre a utilização do PowerPoint), mas, apesar disso, atraíram um número significativo de professores. Começar ajudando os visitantes a explorar a tecnologia que eles podem utilizar em suas aulas face a face ajuda a derrubar as barreiras ao uso de tecnologias em geral e começa a preparar os docentes para a ideia do ensino *online*. Em vez de verem a tecnologia como um mal necessário, os visitantes podem começar a ver o impacto útil da tecnologia em relação à economia de tempo, bem como um meio para aumentar o aproveitamento dos resultados da aprendizagem dos estudantes.

As necessidades de treinamento para os visitantes incluem:

- *Pessoal:* Derrubar o ceticismo e demonstrar que o uso de tecnologia pode aperfeiçoar a aprendizagem dos estudantes; fornecer exemplos e modelos; personalizar o treinamento fornecendo *workshops*, seminários e instruções individuais sobre tópicos de interesse para esse grupo.
- *Pedagogia:* Mostrar os vínculos diretos entre o uso de tecnologia e os resultados de aprendizagem por meio de modelos e exemplos, bem como por meio de revisão de ementas, para se determinar o uso adequado de tecnologia dentro da instrução face a face e dos meios *online*.
- *Conteúdo:* Demonstrar o uso de tecnologia no âmbito da disciplina, ou seja, como as apresentações constituídas por várias mídias podem melhorar o ensino de matemática, biologia, línguas, história e assim por diante.
- *Tecnologia:* Focar apenas a tecnologia que poderia melhorar a instrução presencial e, para começar, abordar os objetivos de aprendizagem à medida que a familiaridade aumenta com as opções *online*.

Principiante

Os docentes principiantes são mais do que curiosos em relação ao ensino *online* e realmente querem tentar ir além do estágio de visitante, mas, muitas vezes, adentram o mundo do ensino *online* com alguma ansiedade e medo. Provavelmente, eles são inseguros sobre como preparar uma aula e sobre a maneira de oferecê-la. Podem ter ouvido histórias horríveis sobre quanto tempo realmente se leva para lecionar *online* e podem ficar preocupados com sua capacidade de gerenciar o tempo, conectar-se com estudantes que não podem ver ou ouvir, transmitir o conteúdo de suas disciplinas e avaliar o trabalho dos alunos. Conforme foi mencionado anteriormente, muitas vezes eles nem mesmo sabem que pergunta fazer para poderem começar. As questões que frequentemente ouvimos de docentes principiantes, todavia, incluem: como eu leciono *online*? Como eu sei que o estudante está fazendo seu trabalho ele mesmo? O que devo fazer em relação às fraudes? Como ensinar utilizando o Sistema de Gerenciamento de Cursos (SGC)? Embora essas questões sejam partilhadas, em certa medida, por docentes *online* mais experientes, os docentes principiantes experienciam-nas como uma fonte de medo do desconhecido, em vez de uma preocupação com o desenvolvimento de habilidades. Como resultado, muitos docentes principiantes podem utilizar minimamente o SGC, postando tarefas e um programa da disciplina, mas fazendo pouco ou mesmo nenhum uso dos fóruns de discussão e de outras ferramentas de comunicação incluídas, embora essas provavelmente sejam as ferramentas mais importantes para o ensino *online*. Zhu (2008) observa que esse problema é agravado pelas maneiras por meio das quais o treinamento em tecnologia ocorre. Muitas vezes, o treinamento acontece em grandes seminários espalhados pelo *campus* que não são conduzidos com base no nível de habilidade e raramente estão ligados ao ensino disciplinar e aos resultados da aprendizagem. Zhu constata ainda que os docentes, às vezes, assistirão a essas sessões sem nenhuma expectativa de que as habilidades ensinadas serão relevantes para suas atividades de ensino. Nossa experiência na realização de treinamentos em um grande número de universidades dá suporte a essa observação – frequentemente, entre os participantes temos docentes que têm curiosidade sobre a aprendizagem *online*, mas não têm planos de lecionar dessa forma ou de integrar tecnologia ao seu ensino face a face.

Os docentes principiantes, em particular, beneficiam-se de iniciar as experiências de treinamento como alunos e, então, fazem a transição para o papel de instrutor pela preparação e apresentação de material aos pares, dentro da experiência de treinamento, e pelo recebimento de *feedback* com o objetivo de melhoria. Por meio do fornecimento de um espaço seguro para a experimentação e o recebimento de *feedback*, os docentes principiantes podem ganhar confiança em sua capacidade a fim de fazer a transição para o ambiente *online*. Essa abordagem ajuda-os a aprender maneiras pelas quais podem distribuir conteúdo sem dar aulas expositivas e como facilitar uma discussão de modo mais efetivo. É pertinente tranquilizar os docentes principiantes de que utilizar técnicas de "leitura e discussão" em sua primeira aula é uma boa maneira de se começar; isso ajuda a reduzir o medo de que eles cometerão erros na facilitação e encoraja-os a ganhar experiência com elementos do SGC que vão além da postagem de um programa de disciplina e de tarefas. Consequentemente, o treinamento precisa focar a utilização do fórum de discussão e as maneiras de se construir tarefas e de se avaliar a aprendizagem dos estudantes. Esses professores precisam entender que o acréscimo de atividades colaborativas adicionais e de tecnologias adjuntas pode esperar até que eles se sintam mais confiantes e tenham a experiência de haver ensinado em um ou dois cursos.

As necessidades de treinamento para docentes principiantes incluem:

- *Pessoal:* Tranquilizar e auxiliar na superação de quaisquer medos em relação ao ensino *online*; ajudar no ganho de confiança por meio de experiências de treinamento que proporcionem uma transição do papel de aluno para o de instrutor; auxiliar no estabelecimento de presença *online*; explorar o estilo pessoal de ensino e apoiar quaisquer transições necessárias para o bom ensino *online*.
- *Pedagogia:* Explorar os fundamentos teóricos do ensino e da aprendizagem *online*; explorar técnicas iniciais para o suporte de melhores práticas em ensino *online*; apoiar e criticar o desenvolvimento do primeiro curso *online* do instrutor; ajudá-los a fazer as questões que eles precisam resolver a fim de começarem a ensinar em ambientes *online*; oferecer suporte constante por meio de treinamento e de mentoria à medida que eles embarcam em sua primeira experiência com o curso.
- *Conteúdo:* Explorar técnicas de ensino adequadas para a disciplina; apoiar alternativas aos métodos tradicionais de ensino, de forma a desenvolver técnicas além das aulas expositivas para a distribuição de conteúdo.
- *Tecnologia:* Proporcionar ganhos no domínio do Sistema de Gerenciamento de Cursos (SGC) em uso; ensejar o domínio do uso adequado de *e-mail* e bate-papo; apoiar o desenvolvimento do uso de processadores de texto e de tecnologias de apresentação como o Word e o PowerPoint; introduzir o uso de ferramentas de autoria para o desenvolvimento do curso e de lições.

Aprendiz

Os docentes que possuem um ou dois períodos letivos de experiência com o ensino *online* provavelmente superaram os medos iniciais em relação ao ambiente e em relação a como se conectar com os estudantes, mas podem estar enfrentando novos medos à medida que começam a compreender o que não sabem sobre o ensino *online*. Neste momento, suas preocupações envolvem o avanço para o nível seguinte; em outras palavras, agora que eu sei como navegar e facilitar um curso *online* em um nível básico, como posso melhorar minhas habilidades para aumentar a participação dos alunos e incorporar técnicas de ensino que vão além da "leitura e discussão"? Frequentemente, as perguntas que esse grupo de docentes nos faz focam o estabelecimento de presença e a melhoria das habilidades de facilitação: como eu posso permitir que meus alunos me conheçam melhor, e não apenas o meu *Curriculum Vitae*? Como posso aumentar o nível de participação em minha aula? Como consigo fazer os estudantes falarem uns com os outros? Como posso utilizar o SGC de forma mais eficaz? Os professores iniciantes beneficiam-se de um ambiente de treinamento onde podem compartilhar experiências resultantes de seu ensino *online* e do recebimento de *feedback* e sugestões de seus pares. Isso os ajuda a saber que eles não estão sozinhos na experimentação de alguns dos desafios e, também, no compartilhamento dos sucessos do ensino *online*. As necessidades de treinamento, então, envolvem um reforço daquilo que eles estão fazendo bem, juntamente com sugestões para fazer as suas aulas avançarem para o nível seguinte, acrescentando-se mais atividades colaborativas ou em grupo, por exemplo, ou adicionando-se tecnologias para promover a colaboração, como o uso de *wikis* e *blogs*.

As necessidades de treinamento para docentes aprendizes incluem:

- *Pessoal:* Continuar o ganho de confiança pela revisão e pelo reforço das experiências de ensino *online*; continuar a reforçar uma sensação de presença *online*; tranquilizar ao levantar e dirigir perguntas e questionamentos, além de reforçar os bons resultados.
- *Pedagogia:* Utilizar *feedback* do curso e dos estudantes para a melhoria do curso e da facilitação; focar a integração de ensino colaborativo e de habilidades para construir uma comunidade de aprendizagem *online*; continuar a explorar os fundamentos teóricos do ensino *online*.
- *Conteúdo:* As preocupações com o conteúdo são maiores nessa fase do desenvolvimento, e o foco adicional em técnicas alternativas para a facilitação da exploração do conteúdo é importante; encorajar o envolvimento em comunidades de prática centradas na disciplina.
- *Tecnologia:* Iniciar a exploração de tecnologias adjuntas para dar suporte ao desenvolvimento do curso, à colaboração e ao aumento da participação dos estudantes, como dar início à utilização de *wikis*, *blogs*, tecnologias síncronas e tecnologias de redes sociais; continuar o desenvolvimento das habilidades no uso de ferramentas de autoria.

Iniciado

Os docentes iniciados, ou os docentes que ensinaram um certo número de cursos por diversos períodos letivos, têm a necessidade de revisar e de reforçar as habilidades enquanto progridem, também, em direção ao desenvolvimento mais avançado de habilidades. O desenvolvimento avançado de habilidades inclui a utilização de mídias adjuntas no *design* e na distribuição de um curso, a confiança em métodos colaborativos de ensino *online* e o envolvimento com técnicas avançadas de avaliação, incluindo recursos como atividades de aplicação prática, avaliação colaborativa e outros semelhantes. Os docentes iniciados desenvolveram mais confiança na oferta de matérias nas suas áreas de conteúdo, mas continuam a se beneficiar da participação em comunidades de prática para apoiar esse trabalho. As necessidades de treinamento, entretanto, podem ser mais específicas em relação às disciplinas do que focadas nas habilidades gerais para o ensino *online*. As perguntas que frequentemente ouvimos partindo desse grupo de docentes incluem: como eu posso avaliar o trabalho dos estudantes sem o uso de testes e *quizzes*? Como posso utilizar uma abordagem de comunidade de aprendizagem em matemática (ou em ciências, ou em contabilidade, etc.)? Como posso ajudar meus estudantes a assumirem maior responsabilidade por sua aprendizagem?

As necessidades de treinamento para os docentes iniciados incluem:

- *Pessoal:* Reforçar continuamente a presença; apoio à crescente confiança nas capacidades de ensino *online*.
- *Pedagogia:* Apoiar técnicas de desenvolvimento de uma comunidade de aprendizagem *online*; técnicas para o empoderamento dos alunos; explorar tópicos mais avançados em ensino *online*, incluindo meios colaborativos de ensino.
- *Conteúdo:* Continuar a apoiar a participação daqueles envolvidos na disciplina para explorar as melhores práticas no ensino *online*.
- *Tecnologia:* Treinamento avançado em tecnologias adjuntas para dar suporte ao desenvolvimento de cursos e à facilitação, tais como ferramentas de autoria de cursos, *wikis*, *blogs*, mídias síncronas e ferramentas de redes sociais.

Mestre

Como anciões que vivem em uma determinada comunidade e que detêm uma sabedoria significativa, os docentes mestres são aqueles que têm muita experiência com ensino *online* e que estão dispostos a experimentar novas técnicas para o desenvolvimento e a oferta de cursos. Muitas vezes, eles podem ser convocados para dar suporte ao desenvolvimento de colegas que se encontram nos estágios iniciais do processo, e devem ser apoiados no cumprimento dessas tarefas por meio de programas de mentoria ou como formadores de seus pares. Também apoiam a disciplina do ensino *online* conduzindo pesquisas, fazendo apresentações em conferências e publicando trabalhos, que podem incluir tanto os resultados de suas pesquisas quanto os resultados advindos da prática. Os docentes mestres continuam a ter perguntas sobre as melhores práticas e necessitam de treinamento para dar sustentação ao desenvolvimento de habilidades avançadas.

As necessidades de treinamento para os docentes mestres incluem:

- *Pessoal:* Apoiar o desenvolvimento de liderança e a *expertise* em ensino *online*; realizar apresentações para seus pares e em conferências; apoio à publicação.
- *Pedagogia:* Apoiar a exploração e o estudo de técnicas avançadas de facilitação; encorajar o desenvolvimento para a formação de seus pares.
- *Conteúdo:* Oferecer suporte contínuo para melhores práticas de ensino *online* na disciplina e encorajar a pesquisa sobre os resultados de tais práticas.
- *Tecnologia:* Apoiar o desenvolvimento e a inclusão de novas tecnologias e de novas abordagens na utilização de tecnologia no ensino *online*.

A CHAVE PARA A COMPREENSÃO DAS FASES

A chave para se trabalhar com uma abordagem em fases para o desenvolvimento de docentes é o reconhecimento de que os docentes adentram o processo de treinamento em pontos diferentes de seu desenvolvimento profissional. Um erro que muitas instituições cometem é presumir que uma pessoa nova na instituição é também nova para o ensino *online*. Se uma pessoa ensinou *online* em uma outra instituição, insistir para que ela complete o treinamento em habilidades básicas para o ensino *online* é uma perda de tempo tanto para o novo membro do corpo docente quanto para a instituição. A experiência *online* precisa ser honrada e respeitada com experiências de treinamento compatíveis com os níveis de experiência que descrevemos. Zhu (2008) observa que a maioria dos docentes que frequentam *workshops* sobre integração de tecnologia ao ensino não são necessariamente pessoas de iniciativa ou afeitas a correr riscos. Em vez disso, elas precisam de instrução sobre como utilizar tecnologia para maximizar os resultados de aprendizagem – em outras palavras, como articular a tecnologia com o ensino e a aprendizagem. Os treinamentos sobre "como usar" os recursos de um pacote de *software* frequentemente não cumprem essa meta, e podem deixar os docentes mais frustrados. Como resultado, Zhu recomenda a utilização de suporte descentralizado em grandes *campi*. Isso é realizado ao se integrar uma combinação do apoio oferecido por meio do gabinete centralizado encarregado de dar suporte à integração de tecnologias e do uso do pessoal do suporte de *hardware* e *software* no nível departamental. Ele recomenda uma abordagem colaborativa, desenvolvendo-se uma comunidade de suporte para os docentes.

Embora algumas instituições maiores possam ter um número considerável de pessoas que tenham sido contratadas com o propósito de dar suporte ao uso de tecnologia no ensino e de haver uma maior probabilidade de que essas instituições possuam um centro dedicado ao ensino e à aprendizagem, esses centros frequentemente não se encontram disponíveis nos *campi* de menor tamanho. Mooney e Reder (2008) discutem a dificuldade de se realizar programas de desenvolvimento de docentes nos *campi* menores, observando o fato de que, muitas vezes, os formadores de professores são escolhidos a partir do corpo docente, raramente possuem uma equipe de apoio e encontram-se em uma situação em que acabam sobrecarregados de responsabilidades. As restrições de tempo são cruciais e podem pôr abaixo o esforço de desenvolvimento de docentes em qualquer *campus*, seja ele grande ou pequeno. A sustentabilidade tornou-se outra questão crítica para os *campi* pequenos – limitações orçamentárias frequentemente impactam a distribuição de tais serviços. Consequentemente, fazer uso de docentes experientes ou mestres para que deem suporte às necessidades de treinamento e desenvolvimento, modelem as melhores práticas, atuem como uma fonte de recursos para os colegas e ajam como mentores pode satisfazer a essas necessidades a um custo mais baixo. Mooney e Reder discutem os elementos em comum dos programas de desenvolvimento de docentes em *campi* pequenos, que incluem a participação voluntária de docentes; o pedido aos docentes que se comprometessem a participar de uma série de encontros com uma comunidade de colegas, mesmo se os tópicos tivessem mudado; horários regulares de encontro e leituras comuns foram estabelecidos; e o pedido aos professores que refletissem sobre suas experiências e as discutissem no programa de desenvolvimento de docentes. Esses elementos em comum refletem o princípio com o qual começamos este capítulo: os docentes precisam estar envolvidos na determinação do que eles aprendem e de como aprendem. Outra abordagem para se fazer isso é o uso de programas de mentoria.

MENTORIA DE DOCENTES PARA O ENSINO *ONLINE*

Apesar de que dedicaremos muito mais discussões ao tópico da mentoria e ofereceremos exemplos de programas de mentoria para o ensino *online* no Capítulo 6, justifica-se que iniciemos aqui um pouco dessa discussão. Muitas instituições designam, de maneira formal ou informal, os docentes *online* com mais experiência para mentorear ou preparar os novos docentes, conforme estes planejam e/ou distribuem suas primeiras aulas *online*. Isso não é feito como parte da avaliação administrativa dos docentes, mas como uma maneira de assegurar a qualidade, melhorar a *performance* ao longo do tempo, responder a questões imediatas à medida que elas surgem e disponibilizar aos novos membros do corpo docente alguém que eles possam consultar rapidamente, conforme os problemas e as preocupações surjam.

Boice (1992), um célebre autor e pesquisador sobre a mentoria, descreve os benefícios da mentoria de docentes como o apoio ao crescimento profissional e à renovação. Boice (2000) declara que muitos professores acreditam que a mentoria espontânea é a mais bem-sucedida. Contudo, ele adverte que, devido às restrições de tempo, as relações de mentoria espontânea raramente duram muito, dando, assim, credibilidade à necessidade de um programa de mentoria mais formal e estruturado. Gray e Birch (2008) fornecem evidências que apoiam uma abordagem de mentoria em grupo, por meio de uma discussão sobre algumas das falhas dos programas de mentoria: muitas vezes, quando os docentes são simplesmente combinados como mentor (membro antigo do corpo docente) e mentoreado (novo membro do corpo docente) sem que possam escolher, a relação de mentoria é estruturada como uma relação de cima para baixo, que pode encontrar dificuldades e fracassar. Esse pode ser o infeliz resultado daquilo que é referido como a "mentoria tradicional" (Yun e Sorcinelli, 2009).

A abordagem de grupo para a mentoria, conforme descrita por Gray e Birch, ou a abordagem "em rede", como descrita por Yun e Sorcinelli (2009), dá suporte à nossa noção de utilizar uma comunidade de prática, ou uma comunidade de aprendizagem formada por docentes, como um meio para ajudar os docentes a fazerem de forma eficaz a transição para o ambiente *online*. O que é crucial para o sucesso de uma comunidade de aprendizagem desse tipo é a inclusão de docentes em todas as fases de desenvolvimento da aprendizagem *online*. A mentoria em grupo ou uma abordagem colaborativa orientada à comunidade pode tomar a forma de reuniões regularmente agendadas durante o horário de almoço, onde os tópicos relacionados à aprendizagem *online* são apresentados e discutidos, ou a forma de seminários em grupo e de conferências, e até mesmo de pesquisa em grupo sobre vários aspectos da aprendizagem *online*. Trabalhando em uma comunidade de aprendizagem focada na aprendizagem *online*, os membros do corpo docente podem experienciar os benefícios do trabalho neste meio e podem, então, traduzir esses benefícios para o seu ensino *online*. No Capítulo 6, exploraremos os meios específicos pelos quais esses tipos de programas de mentoria podem ser desenvolvidos e implementados. A esta altura, é suficiente dizer que o uso de uma abordagem de comunidade ajuda a atender as necessidades individuais de treinamento dos docentes em todas as fases do desenvolvimento, enquanto promove melhores práticas no ensino *online*.

LIDANDO COM A RESISTÊNCIA DOS DOCENTES

O que deve estar claro neste momento é que forçar os docentes a lecionar *online* ou a se envolverem em atividades de desenvolvimento de professores para esse propósito pode, e é o que frequentemente acontece, encontrar significativa resistência. Particularmente, isso é verdadeiro para os docentes que são designados para ensinar *online*, independentemente da sua vontade. Em essência, esses membros do corpo docente foram "forçados" a ensinar *online*. Uma experiência recente de consultoria e treinamento ilustra como a resistência pode se manifestar quando os docentes são pressionados para ensinar *online* quer eles queiram ou não. Fomos contratados por uma grande instituição pública que tomou a iniciativa de colocar uma quantidade significativa de instrução em um ambiente *online* – ela não podia mais investir na construção de novas salas de aula, então viu seu potencial crescimento na oferta de aulas *online*. Além disso, sua organização de credenciamento achou que o treinamento que eles estavam oferecendo aos docentes, antes de ensinarem *online*, era insuficiente. Eles se candidataram a uma bolsa, e a receberam, para treinar tantos docentes quanto lhes fosse possível, em um curto período de tempo, e ofereceram um benefício a qualquer membro do corpo docente que optasse por assistir ao treinamento e dele participar. Anunciaram ainda que qualquer um que estivesse ensinando ou planejasse lecionar *online* deveria completar o treinamento. Embora tivéssemos avisado os administradores que essa não era uma boa abordagem e que ela poderia criar problemas para eles, mais de setenta docentes se inscreveram para o treinamento – muitos dos quais estavam mais interessados em receber o benefício do que lecionar *online*, e muitos dos quais não iriam ensinar *online* no futuro próximo. O resultado? Experimentamos uma resistência significativa às nossas ideias e sugestões. Os membros do corpo docente nesse grupo manifestaram verbalmente que discordavam de nós, e se mostraram desrespeitosos e resistentes durante todo o processo. Nossas tentativas de envolver docentes mais experientes no auxílio aos menos experientes proporcionou um razoável sucesso nessa situação difícil – tanto quanto pudemos, pedimos a eles que trabalhassem em pequenos grupos de disciplinas específicas, onde os mais experientes poderiam ajudar os novatos a começar o desenvolvimento de seus cursos *online*. No geral, essa foi uma experiência extremamente frustrante para nós, mas ela ilustrou que a resistência pode ser, até certo ponto, administrada.

Em muitos *campi*, os administradores determinaram (frequentemente com boas razões) que é imperativo disponibilizar a instrução em ambientes *online* a fim de atrair e reter estudantes. Clay (1999) atribui a resistência ao ensino *online* a vários fatores, e oferece as seguintes estratégias para superá-los:

- *Carga de trabalho aumentada* – Estabelecer limites razoáveis para o tamanho da turma (recomendamos de vinte a vinte e cinco estudantes em uma turma *online*) e conceder tempo livre ou compensações financeiras para o desenvolvimento do curso.
- *Papel alterado do instrutor* – Auxiliar com a mudança de paradigma do ensino para a aprendizagem e basear os *designs* de cursos em sólidos princípios de aprendizagem (nós discutimos como isso pode ser feito no próximo capítulo, que trata de estratégias e técnicas de treinamento).

- *Falta de suporte técnico e administrativo* – Fornecer treinamento em *software* e suporte técnico adequados; instalar um Serviço de Atendimento ao Usuário tanto para os professores quanto para os estudantes.
- *Redução percebida na qualidade de cursos* – Determinar teoria e princípios educacionais sólidos para dar suporte ao desenvolvimento de cursos; integrar a aprendizagem *online* à avaliação de programas e à avaliação de resultados.
- *Atitudes negativas de outros docentes* – Apoiar os inovadores, para que sejam vistos como modelos a serem seguidos, e recompensar a inovação; apoiar a participação voluntária.

Oferecemos sugestões adicionais para a superação da resistência:

- *Utilize a atratividade como um meio de recrutamento* – Apesar de serem minoria em muitos *campi*, existem docentes que podemos classificar como "de primeira onda" (Zhu, 2008), que irão prontamente participar de *workshops* e seminários sobre as várias formas de tecnologia e sobre a integração de tecnologia ao seu ensino. Esses docentes podem ser usados como entusiastas do processo, ao conversarem com seus colegas sobre seus sucessos e sobre o que estão aprendendo, à medida que fazem a transição de seu trabalho para o ambiente *online*. Nunca é demais salientar, como fez Clay (1999), que tornar voluntária a participação no ensino *online* é, de início, uma estratégia bem superior à de exigir que os docentes ensinem dessa forma.
- *Fique satisfeito com o número de participantes, seja ele qual for* – Gray e Birch (2008) observam que, nos *campi* menores, onde a maior parte dos docentes se conhecem mutuamente, a participação em um seminário – ainda que de poucos docentes – pode ter um efeito multiplicador. Esses professores transmitirão o que aprenderam para seus colegas; aqueles que não quiseram comparecer podem achar que perderam uma boa oportunidade de treinamento, e ficar mais inclinados a participar na próxima vez. A natureza voluntária do treinamento ajuda a reduzir a resistência.
- *Inclua nas sessões iniciais de treinamento docentes que estejam prontos para ensinar* – Em muitas ocasiões, pediram-nos que oferecêssemos treinamento geral para tantos quantos fossem os docentes interessados em lecionar *online*. Quando esse treinamento é oferecido *online,*

a resistência surge a partir daqueles que não podem ou não colocarão imediatamente tal treinamento em uso. Conforme o interesse cresce e as oportunidades de ensino *online* no *campus* aumentam, uma inclusão mais abrangente passa a fazer sentido. Mas, para começar, inclua apenas aqueles docentes que farão uso imediato do treinamento nas sessões iniciais dedicadas ao ensino *online*, aprenderão o Sistema de Gerenciamento de Cursos, e assim por diante.
- *Individualize o treinamento* – Se surgir frustração entre aqueles que estão avançando mais lentamente ou entre aqueles que estão avançando mais rapidamente, desenvolva relações de mentoria *just-in-time* dentro da situação de treinamento e forneça suporte extra para aqueles que estão enfrentando dificuldades.
- *Crie experiências de treinamento divertidas* – Nada ajuda mais a aumentar os níveis de resistência do que experiências de treinamento terrivelmente tediosas que são vistas como perda de tempo. Associe o treinamento aos resultados de aprendizagem dos estudantes e inclua jogos, lanches e outros meios de envolver o público. Discutiremos isso mais a fundo no próximo capítulo, quando focaremos as técnicas de treinamento.

De uma maneira geral, descobrimos que a resistência surge do medo do desconhecido – o medo, nesse caso, pode ser o medo da tecnologia ou o medo de que a falta de *expertise* possa expor os docentes a situações embaraçosas para eles. Consequentemente, é importante ser sensível a essas questões e não enxergar a resistência como algo a ser superado, mas sim como algo com que se deve lidar. No próximo capítulo, focaremos as técnicas específicas de treinamento para docentes *online*. O desenvolvimento e a distribuição de boas experiências de treinamento, baseadas na teoria da aprendizagem de adultos, também podem ajudar a reduzir a resistência enquanto melhoram a prática do ensino *online*, levando, assim, os docentes à excelência.

PONTOS-CHAVE EM RELAÇÃO ÀS NECESSIDADES DE TREINAMENTO E ÀS FASES DE DESENVOLVIMENTO PARA O INSTRUTOR *ONLINE* EXCELENTE

Neste capítulo, examinamos um modelo de desenvolvimento em fases para o ensino *online*, juntamente com as necessidades que os docentes trazem para o processo de desenvolvimento. Alguns dos pontos-chave relacionados ao desenvolvimento e às necessidades de treinamento são:

- Os docentes experienciam necessidades diferentes em vários pontos de seu desenvolvimento. Focalizar apenas as habilidades de gerenciamento de tempo e o uso de tecnologia acaba deixando de lado a mais importante dessas necessidades – como o instrutor define a si mesmo e estabelece presença no ambiente *online*.
- A chave está em prestar atenção ao instrutor como pessoa e em desenvolver experiências de treinamento que comecem e sejam responsivas ao ponto em que um determinado membro do corpo docente está no processo.
- Uma abordagem colaborativa e orientada à comunidade expõe os professores a múltiplas perspectivas e fornece uma ampla base de apoio ao processo de desenvolvimento. Como consequência, a mentoria em grupo para o ensino *online* é provavelmente superior à mentoria individual.
- É importante evitar o confronto direto da resistência dos docentes ao ensino e ao treinamento para o ensino *online*, utilizando-se entusiastas para ajudá-los a enfrentar o medo – novamente, o aspecto "pessoal" do desenvolvimento é o crucial para fazer a transição para o trabalho *online* mais eficaz.
- Faça com que seja divertido! Deve-se transmitir o entusiasmo que pode fazer parte da aprendizagem *online*, por meio do uso de jogos e de outras atividades que envolvam o público e que o faça rir.

TORNANDO-SE SEU PRÓPRIO MENTOR

No capítulo anterior, pedimos que o leitor se engajasse em uma autoavaliação a fim de observar suas habilidades e capacidades, e como essas podem, ou não, ser traduzidas para o ambiente *online*. Agora, gostaríamos que fossem observadas, especificamente, as demandas do próprio ambiente *online*, determinando se você está pronto para seguir em frente.

Para tanto:

- Vá até o Apêndice B e complete a avaliação do grau de preparação dos docentes para o ensino *online*.
- Como você se saiu na autoavaliação? Você está preparado? O que você precisa fazer para que fique preparado, caso não esteja?

- Onde você se vê no modelo de desenvolvimento que apresentamos neste capítulo e quais você considera serem as suas necessidades?
- Baseando-se em suas respostas às perguntas anteriores, comece você mesmo a desenvolver um plano de treinamento e de ação. Encontra-se incluso no Apêndice A um plano de treinamento individual que você pode usar para ajudá-lo a montar um plano de ação para o autodesenvolvimento. Certifique-se de incluir os recursos que estão disponíveis ou aqueles que precisará buscar ao implementar seu plano. Certifique-se, também, de incluir um cronograma e atenha-se a ele!

3

Elementos de treinamento para a excelência

O desenvolvimento de docentes funciona. Ele ajuda os docentes a mudarem suas crenças e atitudes em relação à aprendizagem, à abordagem do ensino e da aprendizagem, e também em relação às técnicas que envolvem o ensino e a aprendizagem (Barlett e Rappaport, 2009; Hewson, Copeland, e Fishleder, 2000; Stern, 2003; Sweet, Roberts, Walker et al., 2008). Embora o desenvolvimento de docentes para o ensino *online* também deva considerar suas preocupações e focar as atitudes, crenças e técnicas, ele tem o elemento adicional do uso de tecnologia para o ensino e a aprendizagem. Moore, Moore e Fowler (2009) observaram que a *expertise* para o ensino *online* deve ir além de como usar tecnologia na prática pedagógica. O que deve ser incluído é uma compreensão de como nossos estudantes aprendem por meio dos recursos tecnológicos e como eles percebem o uso de tecnologia em suas aulas *online* e em suas vidas. Consequentemente, os potenciais instrutores *online* não apenas precisam examinar as suas próprias atitudes e crenças em relação à inclusão de tecnologia no ensino: também devem estar cientes das necessidades de seus estudantes no que se refere à tecnologia e a como eles a estão utilizando fora da sala de aula.

Tendo isso como pano de fundo, neste capítulo examinaremos abordagens para o desenvolvimento do bom treinamento de docentes, juntamente com as bases teórica e tecnológica para esse treinamento. Inclusa nesta discussão está uma abordagem multifacetada para o treinamento e o desenvolvimento que incorpora a teoria da aprendizagem de adultos, o uso de tecnologia e a pesquisa sobre estratégias eficazes para o desenvolvimento de docentes *online*. Outras considerações são: a duração ideal do treinamento, quem deve desenvolver nele e oferecê-lo, e uma exploração dos benefícios do treinamento *online versus* os do treinamento face a face *versus* os de uma abordagem híbrida.

COMO É O BOM TREINAMENTO DE DOCENTES?

Caffarella (2002) resume os princípios mais importantes da teoria da aprendizagem de adultos a serem levados em consideração ao se planejar um treinamento para docentes:

- Os adultos aprendem melhor quando sua experiência é reconhecida e o novo conhecimento é construído sobre o conhecimento e a experiência anteriores.
- Os adultos são intrinsecamente e extrinsecamente motivados a aprender.
- Todos os adultos possuem formas preferidas de aprendizagem e processamento de informações.
- É pouco provável que os adultos participem de situações de aprendizagem, a não ser que essas tenham sentido para eles.
- Os adultos são pragmáticos em sua aprendizagem e desejam aplicar diretamente o que estão aprendendo.
- Os adultos chegam até as situações de aprendizagem com metas e objetivos pessoais que podem não se alinhar às metas e aos objetivos planejados.
- Os adultos preferem ser alunos ativos do que passivos.
- Os adultos aprendem usando meios colaborativos e interdependentes, bem como independentemente.
- Os adultos são mais receptivos à aprendizagem quando ela ocorre em ambientes física e psicologicamente confortáveis.

Agora, vamos observar cada um desses princípios à medida que eles impactam o treinamento de docentes para o ensino e a aprendizagem *online*. Assim, combinamos alguns dos princípios que se relacionam entre si, expandindo o conceito em uso.

Os adultos aprendem melhor quando sua experiência é reconhecida e o novo conhecimento é construído sobre o conhecimento e a experiência anteriores. Conforme apresentamos no Capítulo 2, o desenvolvimento de docentes para o ensino *online* é um processo em fases – nem todos os professores adentram esse processo no mesmo ponto ou progridem no mesmo ritmo. Além disso, como já discutimos, suas necessidades de treinamento variam conforme a fase. Dito isso, os docentes principiantes chegam ao processo com pouca ou nenhuma experiência *online*, mas é provável que tenham uma experiência potencialmente significativa com o ensino presencial. É provável que eles também possuam experiência significativa dentro de suas disciplinas. Na outra ponta do *continuum*, é provável que os docentes mestres tenham experiência *online*, bem como experiência de ensino e disciplinar significativas. Contudo, em nossa experiência, muitas instituições continuam a oferecer programas de formato único, que não consideram a fase desenvolvimental em que os docentes se encontram. Se por acaso um docente iniciado ou mestre trocar de instituição, frequentemente ele, ou ela, é forçado a passar pelo treinamento de aprendizes para o ensino *online*, o que é uma perda de tempo e de dinheiro que muitas vezes leva à frustração. Hagner (2001) afirma que "os administradores devem perceber que os docentes variam consideravelmente em termos de capacidades e atitudes em relação às novas tecnologias, e que as tentativas com base institucional para envolver o corpo docente devem considerar essas variações para que obtenham sucesso" (p. 2). Embora todos os docentes precisem de orientações sobre as políticas e os procedimentos de uma nova instituição, nem todos precisam do mesmo nível de treinamento tecnológico e pedagógico.

É importante lembrar que o ensino *online* apresenta um dilema desconcertante para muitos professores (Mezirow, 1990). Considerando que os adultos preferem construir os novos conhecimentos sobre as experiências passadas, uma falta de experiência nessa área pode impor desafios e frustrações significativas. Isso precisa ser reconhecido, e suporte adequado deve ser oferecido. Os instrutores de docentes principiantes precisam abordar o treinamento com uma mentalidade de iniciante, recordando-se de como foram suas próprias experiências *online* iniciais e ajustando o ritmo do treinamento para que coincida com o ritmo da aprendizagem. Em outras palavras, os instrutores não podem aderir rigidamente a um cronograma de treinamento que deixará para trás alguns docentes, enquanto outros estão impacientes para seguir adiante. Zhu (2008) recomenda que cronogramas flexíveis de treinamento sejam desenvolvidos, e Hagner (2001) também recomenda o desenvolvimento de um pacote, abrangente e integrado, de abordagens de treinamento combinadas com suporte. Como discutiremos mais adiante neste capítulo, os modelos que incorporam treinamento face a face e *online*, juntamente com sólido suporte por meio de mentoria, de suporte técnico e do desenvolvimento de uma comunidade de aprendizagem formadora de docentes, podem resultar naquilo que Hagner chama de "sistemas ótimos" (p. 31) para o desenvolvimento de docentes excelentes e de um programa *online* igualmente excelente.

Os adultos são intrinsecamente e extrinsecamente motivados a aprender. Hagner (2001) apresenta quatro categorias de docentes e sua motivação para se envolverem em treinamento de docentes para a aprendizagem *online* e para o uso da tecnologia em si. Os "empreendedores", também conhecidos como os docentes "de primeira onda", são aqueles que se interessam na integração de tecnologias simplesmente porque possuem alguma *expertise* e estão interessados em melhorar o processo de ensino e aprendizagem por meio de seu uso. Sua motivação para isso é interna e os incentivos comumente oferecidos para a integração de tecnologias pelas instituições acadêmicas não são motivadores para eles. Os docentes "de segunda onda" compartilham com os de primeira onda o interesse no avanço da educação por meio da tecnologia, mas são menos experientes e são mais avessos ao risco. Esse grupo não está em busca de um incentivo para integrar tecnologia, estando mais preocupado com a quantidade de esforço requerida para tanto, além de necessitar de suporte significativo. O fornecimento desse suporte é o seu motivador para continuar. Os professores "carreiristas" são o terceiro tipo. Esses docentes estão interessados no progresso de suas carreiras na academia e veem a adoção de tecnologia como uma maneira de obtê-lo. Os carreiristas são motivados pelos incentivos das universidades e pelas estruturas de recompensas. Finalmente, os "relutantes" são os docentes que resistem à integração de tecnologias no ensino. Eles possuem uma mentalidade do tipo "se não está quebrado, por que consertá-lo?", insistindo que a instrução face a face é muito superior àquela realizada via tecnologia. É provável que alguns dos docentes que temos chamado de "visitantes" também estejam nessa categoria. À medida que seus colegas começam a utilizar tecnologia, e conforme seus estudantes começam a demandar seu uso, os relutantes experimentam pressão significativa para aderir ou sofrer potenciais desvantagens na carreira. Frequentemente, são outros professores que conseguem motivar o relutante a tentar a utilização de tecnologia; é improvável que a pressão administrativa seja bem-sucedida.

As categorias de Hagner demonstram que um incentivo não servirá para todas as situações quando se trata de integração de tecnologias. Assim como o treinamento, os incentivos também precisam ser individualizados, de forma que os docentes de primeira onda sejam apoiados na continuação de seu trabalho *online*, enquanto os relutantes e os visitantes vão gradualmente se unindo ao grupo.

É pouco provável que os adultos participem de situações de aprendizagem, a não ser que essas tenham sentido para eles; são pragmáticos em sua aprendizagem e desejam aplicar diretamente o que estão aprendendo. Conforme discutimos no Capítulo 2, é importante treinar os docentes para o ensino *online* quando eles estiverem preparados para começar a ensinar dessa forma. Só então o treinamento deve acontecer. Robinson (2003) afirma que, quando novas tecnologias são introduzidas no *campus*, a implementação bem-sucedida dessas tecnologias depende "de a tecnologia ser utilizada pelas pessoas certas, no momento certo, com os métodos certos" (p. 34). O *timing* da integração de tecnologias e o *timing* do treinamento são cruciais. Considerando que Zhu (2008) observa que os professores têm dificuldade em associar o treinamento em tecnologia aos resultados de aprendizagem, particularmente dentro de suas disciplinas, dar aos docentes a oportunidade de aprender alguma coisa, praticá-la e, então, receber *feedback*, ajuda a criar essas associações. Em nossa experiência, quando os docentes são incapazes de se engajar nesse ciclo de aprender, fazer e refletir, eles têm dificuldade de entender o significado do que aprenderam e, muitas vezes, ficarão frustrados. Por não querermos que os docentes fracassem, conduzir o treinamento *online* antes que eles iniciem a sua primeira experiência em cursos *online* pode ajudá-los a se engajar, com seus pares, no ciclo de aprender, fazer e refletir. Dedicamos muito mais atenção aos benefícios do treinamento *online* para o ensino *online* mais adiante neste capítulo.

A época do ano letivo em que o treinamento é oferecido também determinará quem estará apto a participar e, depois, fazer uso do treinamento. Zhu afirma que, baseando-se na experiência de sua instituição, os treinamentos realizados em maio atraíram mais pessoas que estavam não apenas dispostas a cursá-los, mas também a implementar o que aprenderam. Fazer um levantamento com os docentes para determinar o *timing* do treinamento, então, é um fator que pode influenciar o sucesso de um esforço de aprendizagem *online*.

Os adultos chegam até as situações de aprendizagem com metas e objetivos pessoais que podem não se alinhar às metas e aos objetivos planeja-

dos. Barker (2003) e a POD Network (s.d.) salientam a importância de obter o comprometimento dos docentes para qualquer programa de desenvolvimento. Barker considera que isso é importante para envolver os docentes no estabelecimento de metas de treinamento para o ensino *online*. O que ajuda nesse processo é auxiliar os docentes a verem os benefícios do ensino *online*. Estão inclusos fatores como a capacidade de depositar a responsabilidade pela aprendizagem diretamente sobre os estudantes, a capacidade de desenvolver discussões ricas em relação ao conteúdo, utilizando o fórum de discussão, e o desenvolvimento e o uso de novas formas de comunicação com os estudantes. De acordo com Caffarella (2002), os programas de treinamento devem ser capazes de responder à pergunta "por que estamos fazendo isso?", a fim de envolver os participantes de maneira efetiva.

Um ponto crucial no início de qualquer experiência de treinamento é a realização de um levantamento com os participantes para determinar o que eles esperam conseguir com o treinamento, enquanto compartilham as metas e os objetivos do treinamento conforme foi determinado pelos planejadores e instrutores. Se possível, o treinamento deve ser ajustado aos resultados desejados pelos participantes e, ainda, cumprir os objetivos do programa. Caffarella alerta contra o desenvolvimento de resultados e objetivos de programas abstratos. Envolver os professores no *design* e no desenvolvimento do treinamento que será distribuído pode ajudar a assegurar que a voz dos participantes seja ouvida e que o treinamento seja relevante para as necessidades dos professores.

Os adultos preferem ser alunos ativos do que passivos e aprendem usando meios colaborativos e interdependentes, bem como independentemente. O meio pelo qual o treinamento é conduzido é, talvez, mais crítico do que o próprio conteúdo do treinamento. Um de nós foi convidado a participar de uma sessão de treinamento em uma universidade local onde o Blackboard estava sendo introduzido como seu Sistema de Gerenciamento de Cursos. Conduzida por um instrutor de Blackboard, a sessão foi realizada em um grande auditório e assistida por mais de uma centena de docentes. Em forma de palestra, o instrutor introduziu as funções do Blackboard por meio do uso de *slides* PowerPoint. Sua apresentação foi fraca, e como realmente não se podia experimentar de nenhuma maneira aquilo que ele estava apresentando, os professores que estavam na sala começaram a ficar visivelmente ansiosos e agitados. Comentários como "eu nunca vou conseguir usar isso" podiam ser ouvidos em conversas entre os docentes, tanto durante quanto após o treinamento. Obviamente, esse foi um caso em que os métodos de ensino não corresponderam aos resultados de aprendizagem e serviram como um modelo ruim de "bom" ensino, bem como isso poderia se traduzir para o ambiente *online*.

Uma das metas do treinamento para o ensino *online* deve ser modelar os tipos de técnicas de ensino que um corpo docente poderia utilizar em suas próprias aulas. Meios ativos e colaborativos de treinar professores ajudarão a promover o desenvolvimento de uma comunidade de aprendizagem formada por docentes, que pode continuar a servir como um suporte à medida que os docentes passem a ensinar *online*. Barlett e Rappaport (2009) afirmam que a criação de comunidade entre docentes de todos os departamentos e escolas dentro da universidade é um dos benefícios mais poderosos da condução de programas de desenvolvimento de docentes. Exploramos mais a fundo o tópico da construção de uma comunidade de aprendizagem formada por docentes no Capítulo 5. Idealmente, o treinamento deve ser estabelecido com uma combinação de atividades independentes, associadas a atividades em grupo e colaborativas, proporcionando variedade e servindo para que os participantes envolvam-se ativamente uns com os outros.

Os adultos são mais receptivos à aprendizagem em ambientes física e psicologicamente confortáveis. Muitos dos que escrevem sobre a condução de um bom treinamento enfatizam a importância de se conduzir o treinamento em um ambiente confortável. Outros discutem a importância de se fornecer uma refeição ou lanches. Nós trabalhamos, em um grande *campus*, com uma formadora de docentes no planejamento de um programa de treinamento, e ela mencionou que sempre planeja treinamentos para a hora do almoço, pois os professores com quem trabalha sempre aparecerão para uma refeição, mesmo que não estejam interessados no tópico! Embora isso possa ser um exagero, fornecer alimentação é uma maneira de reconhecer que os professores estão dedicando tempo de suas agendas ocupadas para participar – a refeição serve tanto como um incentivo quanto como uma recompensa pelo tempo dispensado por eles.

Zhu (2008) ainda recomenda que o treinamento seja levado até os docentes em vez de fazê-los sentar em grandes laboratórios de informática em uma localização central no *campus*. Tal treinamento pode ser conduzido no nível departamental, e pode ser realizado utilizando-se docentes mestres como instrutores. Outro meio pelo qual se pode levar treinamento para os docentes é o uso de treinamento *online*, um tópico para o qual voltaremos agora nossa atenção.

ONLINE, FACE A FACE OU HÍBRIDO: O QUE FUNCIONA MELHOR?

Hagner (2001) observa que existe uma ampla variedade de formas por meio das quais os treinamentos para o ensino *online* e o desenvolvimento de currículo são realizados. Ele acredita que isso pode ser devido à variação em culturas institucionais. Nós defendemos que isso pode ser devido às variações nos níveis de experiência dos docentes com o ambiente *online* e na sua exposição a esse ambiente. De todo modo, a fim de acomodar essas variações, também há a necessidade de que as abordagens de treinamento utilizadas sejam variadas. As pessoas frequentemente riem quando falamos para elas que estamos indo até uma determinada instituição a fim de oferecer treinamento para instrução *online*, pois elas acham que o treinamento para o ensino *online* deveria ser realizado *online*. Até certo ponto, elas estão certas, mas considerando o nível de medo e de resistência frequentemente experimentado por docentes principiantes e iniciantes, descobrimos que encontrá-los face a face no início reduz sua ansiedade e sua resistência. Consequentemente, muitas vezes recomendamos que uma instituição comece um treinamento de forma presencial e, depois, passe para o treinamento *online*. Uma vez que haja um grupo principal que tenha passado pelo treinamento, essas pessoas podem ser convocadas para auxiliar no treinamento de outros docentes do *campus*, tornando-se, assim, mentores dos docentes mais novos. Frequentemente, pedem-nos que desenvolvamos treinamento *online* para instituições, e descobrimos que, se pudermos visitá-las primeiro, conseguimos determinar melhor a cultura institucional, o nível da experiência *online* nelas existentes e quais poderiam ser as necessidades de treinamento. A exceção a esse caso é o nosso amplo programa de certificação *online*, que atrai docentes de muitas instituições diferentes, o qual conduzimos de modo totalmente *online*. No Capítulo 5, discutiremos os elementos importantes que precisam ser considerados no treinamento integralmente *online*, onde revisamos modelos de treinamento híbrido e *online*.

Conduzir uma avaliação das necessidades básicas antes do início do treinamento pode ajudar os que estão encarregados do desenvolvimento dos docentes – sejam eles funcionários do centro de ensino e aprendizagem, membros do corpo docente do *campus* que foram solicitados a conduzir treinamento para o ensino *online* ou membros individuais do corpo docente que estão tentando treinar a si mesmos – a desenvolver um programa de treinamento que seja flexível e adaptável. Apresentamos uma avaliação de necessidades desse tipo no Apêndice C. Além de se avaliar os níveis de experiência, Neal e Peed-Neal (2009) salientam a importância de se familiarizar às políticas que governam a oferta de instrução da instituição, juntamente com a estrutura desta e as questões de caráter administrativo. As avaliações de necessidades para o treinamento *online* devem identificar todos os atores envolvidos – administradores, docentes, funcionários e estudantes – e se comunicar com eles ao longo do processo, a fim de desenvolver um bom sistema de treinamento que seja responsivo a todas as necessidades expressadas. Considerando que muitos de nossos estudantes têm bem mais experiência com tecnologia do que os professores que trabalham com eles em aulas *online* – e por causa disso expressam sua decepção com essas aulas – incorporar as percepções dos alunos sobre o que eles estão procurando e precisando é crucial (Moore, Moore e Fowler, 2009).

Nossa própria experiência, então, nos leva a crer que, nos casos em que sua implementação for possível, as práticas a seguir apresentam o maior potencial para o desenvolvimento de instrutores *online* excelentes:

- Uma variedade de opções de treinamento – treinamento independente baseado em computador, seminários face a face, experiências de treinamento *online* que sejam síncronas e assíncronas (docentes geograficamente dispersos podem ser treinados com a utilização de tecnologia, como *webconferência*, *webcasting* e outras opções do gênero), e mais oportunidades de discussão informal, tais como reuniões no horário do almoço e discussões *online* entre docentes...
- Associadas ao suporte e à mentoria e...
- Desenvolvidas com base nas necessidades da instituição.

Essa visão é apoiada por Cravener (1998), que fala sobre a "disjunção paradoxal" entre o que chama de abordagem da tecnologia da informação para o desenvolvimento de docentes e as questões psicológicas que podem agir como obstáculos à participação de docentes em um projeto *online*. Ao se oferecer uma variedade de abordagens e associando-as ao suporte, os obstáculos à integração de tecnologias e ao ensino *online* começarão a cair, e todos os elementos importantes sobre os quais discutimos anteriormente – pessoas, pedagogia, conteúdo e tecnologia – terão maiores chances de serem abordados.

QUEM DEVE CONDUZIR TREINAMENTO PARA O ENSINO *ONLINE*?

Depois de se tratar das necessidades de treinamento e de se determinar as abordagens, surge a importante questão sobre quem deve realizar o treinamento de docentes. Baseando-se em um estudo sobre os formadores de docentes e suas percepções em relação aos papéis que desempenham nas instituições às quais prestam serviços, Mullinix (2008) concluiu que possuir o *status* de professor no *campus* aumenta a credibilidade daqueles que foram convocados a conduzir atividades de desenvolvimento. Quando professores treinam professores, é provável que haja um aumento no nível de confiança, credibilidade e apreço por suas capacidades de ensino e por suas habilidades de *design* instrucional. Os formadores de docentes no estudo observaram que a experiência de ensino deve ser definida como o ensino de outros professores, bem como o ensino de estudantes, e que a experiência com ambos aumenta a credibilidade. Cravener (1998) aponta a importância de identificar instrutores que sejam vistos pelo corpo docente como exemplos a serem seguidos, devido à sua *expertise* no ensino e no uso de tecnologia.

Certamente já ouvimos docentes reclamando que estavam sendo treinados para ensinar *online* por um funcionário sem experiência de ensino, e infelizmente nós mesmos experienciamos alguns desses programas de treinamento. Mas também relatamos anteriormente os esforços bem-sucedidos de uma universidade em empregar estudantes de pós-graduação no treinamento de docentes para o uso de tecnologia no ensino (Palloff e Pratt, 2001). Nossa própria experiência nos ensinou a confiar em nossos estudantes de pós-graduação para nos introduzirem a novas técnicas, tais como a condução de aulas no Second Life ou o uso de telefones celulares ou do Twitter como complementos de discussão para uma aula *online*. Quando os docentes mestres veem a si mesmos como aprendizes para a vida toda, que podem aprender algo novo com qualquer pessoa, incluindo estudantes, o resultado é o desenvolvimento de novas e criativas formas de ensinar *online* e de maximizar os resultados de aprendizagem.

Como nas abordagens de treinamento, a chave aqui é a flexibilidade, junto com a redução da resistência e da ansiedade. Conforme Hagner (2001) declara: "parecer ridículo ou incompetente diante de seus estudantes é uma anátema para o professor" (p. 2). Se houver a possibilidade de que um determinado membro do corpo docente tenha resistência a trabalhar com um estudante ou um funcionário menos experiente em seu treinamento *online*, então esse treinamento deve ser conduzido por outro membro do corpo docente ou por alguém que detenha maior credibilidade. O treinamento forçado não funciona – adaptar o treinamento e aqueles que treinam às necessidades de formação é crucial.

No próximo capítulo, exploraremos em maior profundidade as abordagens ao treinamento e o desenvolvimento para o ensino *online* que incorporam as estratégias que temos discutido. Acreditamos que essas estratégias funcionam, e muito bem, para desenvolver instrutores *online* excelentes e programas *online* excelentes.

PONTOS-CHAVE NO TREINAMENTO PARA A EXCELÊNCIA

- Não usar abordagens padronizadas para o treinamento de docentes – Oferecer, em vez disso, um cronograma flexível e um *menu* de tópicos que lidem com o *continuum* da experiência dos docentes, do principiante ao mestre.
- Usar abordagens baseadas na teoria da aprendizagem de adultos – Abordagens ativas que combinam o envolvimento individual e colaborativo funcionam melhor.
- Honrar a experiência! O treinamento de aprendiz é para principiantes e aprendizes, e não para docentes experientes ou mestres que estão trocando de instituição.
- Usar melhores práticas no ensino *online* e nas abordagens de treinamento – Modele essas práticas de forma que os docentes possam incorporá-las a seus cursos sem dificuldades.
- Incorporar os ciclos de aprender, fazer e refletir ao treinamento, permitindo que os professores aprendam sobre uma nova habilidade, pratiquem-na e depois reflitam sobre os seus resultados.

TORNANDO-SE SEU PRÓPRIO MENTOR

Depois de ler a respeito dos elementos importantes no treinamento de docentes, revisite o plano que você desenvolveu para seu próprio treinamento e faça a si mesmo as seguintes perguntas:

- Eu identifiquei colegas com quem poderia estabelecer um relacionamento para desenvolver nossas habilidades *online* ou para suporte?

- Eu identifiquei um ou dois estudantes que poderiam ser capazes de me ajudar a avaliar o quão bem estou utilizando a tecnologia em meu ensino, ou que poderiam me ensinar sobre aplicativos ou abordagens em particular?
- Eu fui capaz de identificar quais são consideradas as melhores práticas em ensino *online*, e posso aprender mais sobre elas e modelá-las em meu próprio trabalho?
- Como posso estabelecer meus próprios ciclos de aprender, fazer e refletir em meu desenvolvimento?
- Como saberei se estou fazendo progressos?

Nosso conselho a você, neste momento, é encontrar colegas confiáveis que também estejam interessados em avançar em suas práticas *online*. Trabalhe para estabelecer uma comunidade de prática onde você possa trocar ideias com os demais e praticar suas habilidades. Combine encontros regulares para discutir melhores práticas em ensino *online*. Por fim, não tenha medo de consultar seus estudantes ou filhos e filhas de amigos – suas opiniões e ideias serão inestimáveis à medida que você avançar.

PARTE II

Apoiando a mudança do novo para o ótimo

4
Modelos de desenvolvimento de docentes

Conforme definimos na primeira parte deste livro, o desenvolvimento de docentes é um ponto crítico na integração de tecnologia em cursos face a face e também no auxílio à transição dos professores para o ensino *online*. Nós estabelecemos uma fundamentação teórica para o treinamento, baseada em um quaro de referência desenvolvimental e na teoria da aprendizagem de adultos. Estabelecida essa fundamentação, voltamos agora nossa atenção para as maneiras como o treinamento é realizado e tratamos da seguinte questão: o que constitui um modelo de treinamento eficaz para o desenvolvimento de docentes focado em ensino *online*? Neste capítulo, além da revisão de alguns modelos existentes para o desenvolvimento de docentes *online*, o tópico do atendimento às necessidades da educação continuada de docentes será discutido. Em outras palavras:

- Como uma abordagem em fases para o desenvolvimento de docentes poderia ser?
- O que é melhor incorporado ao treinamento de novos professores?
- Como a experiência dos docentes *online* com mais prática pode ser valorizada no treinamento e quais são suas necessidades?
- Uma abordagem de comunidade de aprendizagem é apropriada para o desenvolvimento de docentes *online*? Como uma abordagem assim pode ser desenvolvida e mantida?
- Quais tópicos devem ser abordados em um esforço de desenvolvimento de docentes de longo prazo?

- Como os *adjuncts professors** que trabalham a distância podem ser treinados de maneira eficaz?
- Como o treinamento pode acontecer de forma rápida e eficiente, de forma a conseguir que os docentes estejam presentes na sala de aula *online* com um mínimo de atraso?
- O quão eficazes são os programas de certificação em desenvolvimento de docentes *online*, e o que os certificados significam?

UMA ABORDAGEM EM FASES PARA O DESENVOLVIMENTO DE DOCENTES *ONLINE*

Conforme já definimos, o desenvolvimento eficaz de docentes para o ensino *online* não é um processo que ocorre ou deve ocorrer necessariamente em um *workshop* ou em um curso de treinamento *online*. Considerando que os professores têm necessidades de treinamento que diferem de acordo com a sua fase de desenvolvimento, o foco e o conteúdo do treinamento precisam se alinhar com sua posição em seu processo de desenvolvimento. Não somos os únicos autores a considerar um modelo desenvolvimental para o treinamento de docentes no âmbito da tecnologia. Sherry, Billig, Tavalin e Gibson (2000) estudaram e apresentaram o que chamaram de modelo da trajetória de adoção/aprendizagem tecnológica e propuseram estratégias de treinamento que acompanham cada fase no modelo. Eles discutiram as seguintes fases e estratégias:

- *Etapa 1. O professor como aluno:* Classificada como uma etapa de recolhimento de informações, nela os instrutores estão buscando desenvolver as habilidades de que necessitam para desempenhar tarefas instrucionais utilizando tecnologia. Um treinamento recomendável inclui demonstrações de melhores práticas utilizando-se tecnologia, realizadas por pares que já estejam incorporando tecnologia ao ensino.
- *Etapa 2. O professor como adotante:* Esta é uma etapa na qual os instrutores testam várias formas de tecnologia e compartilham suas experiências, focando o gerenciamento de tarefas. O uso de mentores e de pares detentores de vasto conhecimento, bem como de situações de laboratório, é recomendado para dar suporte aos instrutores em sua experimentação.

---

* N. de R.: *Adjunct professor*, ou simplesmente *adjunct*, é um termo que designa um professor que leciona em uma instituição de ensino superior sem possuir um posição permanente. Esse professor trabalha em regime parcial e, por isso, não tem direito a diversos benefícios.

- *Etapa 3. O professor como coaprendiz:* Uma clara relação entre tecnologia e a distribuição de currículo está se formando nesta etapa. É neste ponto que os *workshops* com foco na melhoria da instrução por meio do uso de tecnologia são recomendados, juntamente com o compartilhamento, dentro de um colegiado, de ideias acerca de lições e de avaliação. Os estudantes podem ser usados de maneira eficaz como assistentes técnicos nesta fase.
- *Etapa 4. O professor como reafirmador ou contestador:* Uma maior consciência dos resultados de aprendizagem está se desenvolvendo nesta fase, juntamente com a capacidade de determinar o impacto de várias abordagens tecnológicas sobre a aprendizagem dos estudantes. Os sistemas de incentivo funcionam bem aqui, incluindo encorajamento para disseminar trabalhos exemplares de estudantes, que ilustrem o impacto da tecnologia sobre o progresso e a *performance* dos alunos.
- *Etapa 5. O professor como líder:* Os instrutores experientes são encorajados a expandir seus papéis nesta fase para tornarem-se pesquisadores ativos e ensinarem novos membros. Nesta fase, em vez de participarem de um treinamento, os instrutores são encorajados a conduzir *workshops* e a trabalhar como mentores.

Em certa medida equivalente ao modelo em fases que apresentamos no Capítulo 2, esse modelo também fornece um quadro de referência por meio do qual as necessidades de treinamento podem ser tratadas. Sherry e seus colegas (2000) esperam até a terceira fase para introduzir os *workshops* em relação à tecnologia de integração e ao ensino *online* – algo que recomendamos que seja introduzido muito antes – e não especificam estratégias de treinamento para as duas últimas fases. Acreditamos, contudo, que o treinamento deva ocorrer durante toda a vida do instrutor *online* e que deva ser ajustado ao seu nível de experiência.

Teclehaimanot e Lamb (2005) fornecem uma ponte para as especificações do treinamento ao revisarem um programa de desenvolvimento profissional com duração de três anos. No primeiro ano, o programa focaliza, inicialmente, a exploração de tópicos populares e, depois, muda para uma abordagem e modelagem práticas. No segundo ano, a ênfase está na individualização da instrução, na infusão de tecnologia no currículo e em um foco no uso eficiente de tecnologia. Por fim, no terceiro ano, o foco está no desenvolvimento de uma comunidade de aprendizagem, mentoria, compartilhamento e em níveis crescentes de motivação para ensinar por meio de tecnologia. Muitas instituições não podem se dar ao luxo de um período de três anos para instituir um esforço contínuo de desenvolvimento de docentes, ou não possuem os recursos financeiros para se dedicar a esse esforço. Então, o que poderia ser criado como uma série de *workshops* que tratem das necessidades dos docentes, do visitante ao mestre, como os denominamos no Capítulo 2, e como os docentes de todas as fases de desenvolvimento podem ser encorajados a participar delas? Vamos ver agora um modelo de treinamento em potencial (Tabela 4.1) baseado em uma abordagem em fases que pode ser realizado em um curto espaço de tempo para múltiplas categorias de experiências. O Apêndice A contém sugestões de planos de treinamento para cada formato e para os tópicos sugeridos.

Conforme estabelecemos, a melhor abordagem para o treinamento inclui opções de treinamento face a face e *online*, e é baseada nos desejos e necessidades dos docentes. As abordagens apresentadas podem ser consideradas um *menu* de opções e tópicos que pode ser inserido no esforço de desenvolvimento de docentes de longo prazo, ou empregado em um período de tempo mais reduzido a fim de preparar os docentes para o ensino *online*. Por exemplo, uma instituição que planeja dar início a um novo programa *online* ou expandir significativamente as ofertas *online* existentes em um prazo de um a dois semestres pode decidir oferecer uma sessão face a face com duração de um dia, seguida por um treinamento *online* que dure de quatro a seis semanas. Isso deve ser associado ao suporte permanente para o desenvolvimento do curso e para a integração de tecnologia. Uma abordagem de longo prazo pode ser acrescentada depois que o lançamento inicial tiver sido realizado, e deve ser baseada no planejamento prévio e na visão do programa *online* como um todo, assim como nas necessidades e nos anseios dos docentes. Agora veremos o que é necessário para se estabelecer um esforço de desenvolvimento de docentes de longo prazo para o ensino *online*.

Tabela 4.1 Amostra do modelo de treinamento

Público-alvo	Formato	Tempo	Tópicos	Objetivos e resultados
			Treinamento face a face	
Visitante/ principiante/ iniciante	Workshop face a face seguido por treinamento e apoio individualizados	3 horas	Introdução ao sistema de gerenciamento de cursos Melhores práticas em ensino *online* Uso de discussões *online* Transição efetiva para o ensino *online*	Reduzir o medo e a resistência e introduzir conceitos de aprendizagem *online*

(continua)

Tabela 4.1 Amostra do modelo de treinamento (continuação)

Público-alvo	Formato	Tempo	Tópicos	Objetivos e resultados
Treinamento face a face				
Iniciante/ iniciado	Workshop face a face seguido por treinamento e apoio individualizados	3 a 6 horas	Design eficaz de curso online Criação de comunidades de aprendizagem online Avaliação Integridade acadêmica online Melhores práticas em ensino online Colaboração online Discussões online eficazes Aulas híbridas	Focalizar a pedagogia e o reforço das melhores práticas em aprendizagem online
Iniciado	Workshop face a face	3 a 6 horas	Avaliação autêntica Promover reflexão Formação de equipes virtuais Utilização de redes sociais Tecnologias Web 2.0 e ensino online	Avançar a habilidade pedagógica; associar a pedagogia online à disciplina; aumentar a habilidade tecnológica
Iniciado/ mestre	Workshop face a face	3 a 6 horas	Planejamento de programas eficazes de aprendizagem a distância Liderança docente Mentoria para o ensino online Conseguir ser publicado Avaliação eficaz de docentes	Aumentar o domínio de habilidades de ensino online; promover a liderança e a mentoria
Treinamento online				
Todos	Seminário online	1 – 2 semanas	Orientação para a instituição	Introduzir políticas e procedimentos
Principiante/ iniciante	Seminário online	4 – 6 semanas	Ver o Apêndice A para sugestão de plano de treinamento, incluindo estes possíveis tópicos iniciais: Utilização de tecnologia no ensino Facilitação online eficaz Desenvolvimento de programa de disciplina para o ensino online Maximizando a participação online Discussão online Avaliação Design de curso inicial	Reduzir a ansiedade em relação ao uso de tecnologia; começar a desenvolver melhores práticas no ensino online; começar a estabelecer a presença online

Tabela 4.1 Amostra do modelo de treinamento (continuação)

Público-alvo	Formato	Tempo	Tópicos	Objetivos e resultados
			Treinamento *online*	
Iniciante/ iniciado	Seminário *online*	2 – 4 semanas	Ver o Apêndice A para uma sugestão de plano de treinamento, incluindo estes possíveis tópicos intermediários: Colaboração *online* Incorporando a reflexão nas aulas *online* Desenvolvendo habilidades de pensamento crítico *online* Questões legais e éticas (incluindo direitos autorais e uso justo*) Avaliação autêntica Seminários relacionados ao conteúdo	Solidificar a presença *online*; associar a pedagogia e a tecnologia ao conteúdo e à disciplina; avançar a habilidade pedagógica
Iniciado/ mestre	Seminário *online*	Pequenos módulos auto--institucionais ou 1-2 semanas de cursos *online*	Ver o Apêndice A para uma sugestão de plano de treinamento, incluindo estes possíveis tópicos Habilidades avançadas de facilitação Habilidades técnicas avançadas (uso de áudio, de vídeo e de tecnologias Web 2.0) Seminários relacionados ao conteúdo	Promover o desenvolvimento de habilidades avançadas; introduzir e praticar o uso de tecnologias avançadas

ESTABELECENDO UM ESFORÇO DE DESENVOLVIMENTO DE DOCENTES DE LONGO PRAZO

Embora muitas instituições acadêmicas se envolvam no planejamento estratégico para a instituição como um todo, e é provável que incluam a discussão do uso de tecnologia, poucas se envolvem no planejamento estratégico para a aprendizagem *online* ou para a integração de tecnologia de forma mais especifica (Levy, 2003). Bates (2000) sugere que talvez "o maior desafio [na educação *online*] seja a falta de visão e o fracasso em utilizar estrategicamente a tecnologia" (p. 7).

Matheson (2006) afirma o seguinte sobre o planejamento estratégico para a educação *online*: "Um plano estratégico deve enfatizar não

---
* N. de R.T.: *Fair use*. Se refere à permissão da lei americana quanto ao uso de materiais protegidos para fins educacionais em certas condições.

apenas as necessidades e prioridades institucionais imediatas – tais como desenvolver e atualizar programas, implementar um currículo ou mudanças curriculares, comercializar programas e preparar para a realização. Também deve reconhecer e ajudar os educadores a pensar as mudanças dentro do vasto mundo 'exterior' da educação *online*" (Strategic Planning and Trends in Online Education, Planejamento Estratégico e Tendências em Educação Online, parágrafo 3). Inclusas nesse "mundo exterior" estão questões políticas e mudanças na tecnologia, assim como mudanças e demandas sociais.

Matheson enfatiza ainda que as instituições precisam enxergar seus programas *online* como parte de um todo acadêmico e não como esforços autônomos. De acordo com Levy (2003), as instituições que querem ter um programa *online* eficaz precisam considerar todos os aspectos do oferecimento de educação, o que envolve mais do que simplesmente disponibilizar as aulas *online*. Obviamente, uma instituição necessita compreender onde a educação *online* se encaixa na sua visão do futuro da instituição, sua missão e como ela vê seu corpo docente e seus estudantes. A integração do programa *online* à estratégia mais ampla da instituição significa que isso deve ser tratado como qualquer outro esforço curricular – os professores precisam ser treinados e avaliados como parte de um amplo esforço de desenvolvimento de toda a instituição, e também devem estar envolvidos no desenvolvimento de cada aspecto do programa. Ademais, o plano estratégico deve ir além das mudanças pedagógicas baseadas no conteúdo, focando também o impacto das novas tecnologias sobre a pedagogia e o conteúdo. Os esforços de treinamento em relação a essas questões devem ser dirigidos a todos os docentes, e não apenas aos que lecionam *online*.

As questões a serem consideradas ao se planejar o desenvolvimento de longo prazo de docentes para o ensino *online* incluem:

- Qual é o papel que as aulas *online* desempenham no currículo mais amplo?
- Quais métodos pedagógicos estão sendo usados ou recomendados?
- Qual é o nível de experiência dos docentes? Que variedade de cursos de treinamento (do principiante ao mestre) será necessária?
- Quem conduzirá o treinamento para os docentes? Qual é o orçamento para o treinamento?
- Qual é o nível de experiência de nossos estudantes e o que eles estão pedindo em termos de educação *online*?

- Quem treinará e apoiará os estudantes?
- Quem apoiará os docentes?

Planejar um esforço de desenvolvimento de docentes de longo prazo envolve considerar mais do que a simples oferta de treinamento no uso de tecnologia em ensino. Requer deliberação e avaliação permanente para assegurar que as necessidades de todos os atores envolvidos estejam sendo atendidas. O bom planejamento do programa como um todo, com o treinamento sendo uma parte dele, também pode ajudar a reduzir a resistência dos docentes a ensinar *online*, removendo os obstáculos que frequentemente os desencorajam (Faculty Focus, 2008). O Apêndice C contém um modelo de planejamento que proporciona um ponto de partida ao se pensar sobre planejamento de programas de longo prazo para o ensino *online* que inclua um componente de desenvolvimento de docentes.

A ABORDAGEM DA COMUNIDADE DE APRENDIZAGEM PARA O DESENVOLVIMENTO DE DOCENTES *ONLINE*

Outro meio pelo qual o desenvolvimento de longo prazo de docentes pode ser realizado é o da formação e do suporte de comunidades de prática entre docentes. Há muito tempo que promovemos o desenvolvimento e o uso de uma abordagem comunitária para o ensino *online* (Palloff e Pratt, 1999, 2007). Uma das formas mais eficazes de auxiliar os docentes na compreensão do valor de uma comunidade de aprendizagem para o ensino *online* é incorporar essa mesma abordagem ao treinamento e desenvolvimento de professores.

Twale e De Luca (2008) discutem a natureza competitiva da vida acadêmica. Eles afirmam: "Enquanto as instituições e os professores universitários puderem valorizar, recompensar e dar as boas-vindas à colaboração com colegas e estudantes, a reputação profissional é adquirida de forma singular por meio de uma agenda de pesquisas, talvez a partir de publicações originais ou extraordinárias em revistas científicas conceituadas" (p. 67). Associa-se a isso a posição precária em que se encontra o ensino *online* no que diz respeito à efetivação e à promoção em muitas instituições, e o resultado é uma situação que, potencialmente, poderia desencorajar o envolvimento não apenas no ensino *online*, mas também na colaboração com colegas para o propósito de treinamento. Nossa experiência nos mostrou, contudo, que parece haver menos competição no mundo *online*, talvez porque o ensino *online* crie um dilema desconcertante para muitos: os docentes são mais dispostos a compartilhar seus sucessos com colegas, acompanhados de conselhos para a superação de desafios. Os repositórios para objetos de aprendizagem, tais como o Merlot ou o WebQuest.org, existem pelo único propósito de compartilhar estratégias de ensino que funcionam. Aproveitá-los pode ser um catalisador para o desenvolvimento de uma comunidade de prática com vistas a apoiar o ensino *online* em uma instituição. Então, como uma comunidade de ensino pode ser formada de modo que apoie o treinamento e o desenvolvimento desses docentes que estão ensinando de forma híbrida ou *online*?

As comunidades de aprendizagem formadas por docentes podem ser estabelecidas com base no ano acadêmico, pedindo-se para que os professores participem no início, caso estejam interessados, por um semestre ou por um ano acadêmico completo. Coortes podem ser formadas para acomodar grupos de docentes. Ou grupos podem ser formados em torno de um tópico de interesse (Nugent, Reardon, Smith, Rhodes, Zander e Carter, 2008). Utilizar as mesmas tecnologias empregadas para a realização de aulas *online* ou híbridas em uma instituição pode ser um começo. Os fóruns de discussão para docentes, as listas de discussão, as salas de bate-papo, os *webcasts* e as sessões síncronas em um ambiente de sala de aula virtual, e ainda o desenvolvimento de *blogs* e *wikis* podem criar maneiras para que os docentes possam se comunicar e colaborar. Assim como uma abordagem mista ao treinamento para o ensino *online* parece ser mais eficaz, uma abordagem mista para a criação de uma comunidade de prática, formada por docentes, parece ser igualmente eficaz (Vaughan, 2004). Sessões face a face iniciais podem ser o impulso para começar uma comunidade formal de aprendizagem composta por docentes, ou podem desencadear o desenvolvimento de comunidades de aprendizagem *ad hoc*. A comunidade pode ser sustentada pela comunicação *online*, pelo trabalho baseado em projeto e pela discussão de leituras, e outras atividades podem ajudar a manter o prosseguimento da discussão ao longo do tempo.

O nosso quadro de referência de uma comunidade de aprendizagem *online* (Palloff e Pratt, 2007) pode ser aplicado ao desenvolvimento de docentes *online*. Os componentes essenciais desse quadro incluem pessoas, propósito e processo, tendo como resultados a reflexão e a transformação. Quando aplicado a uma comunidade de aprendizagem de docentes, formada com o propósito de desenvolver os professores, o quadro de referência se pareceria com o exemplo da Figura 4.1.

Comunidade

Pessoas
- Colegas
- Funcionários
- Administradores
- Estudantes

Propósito
- Treinamento para o ensino *online*
- Exploração crítica da prática de ensino

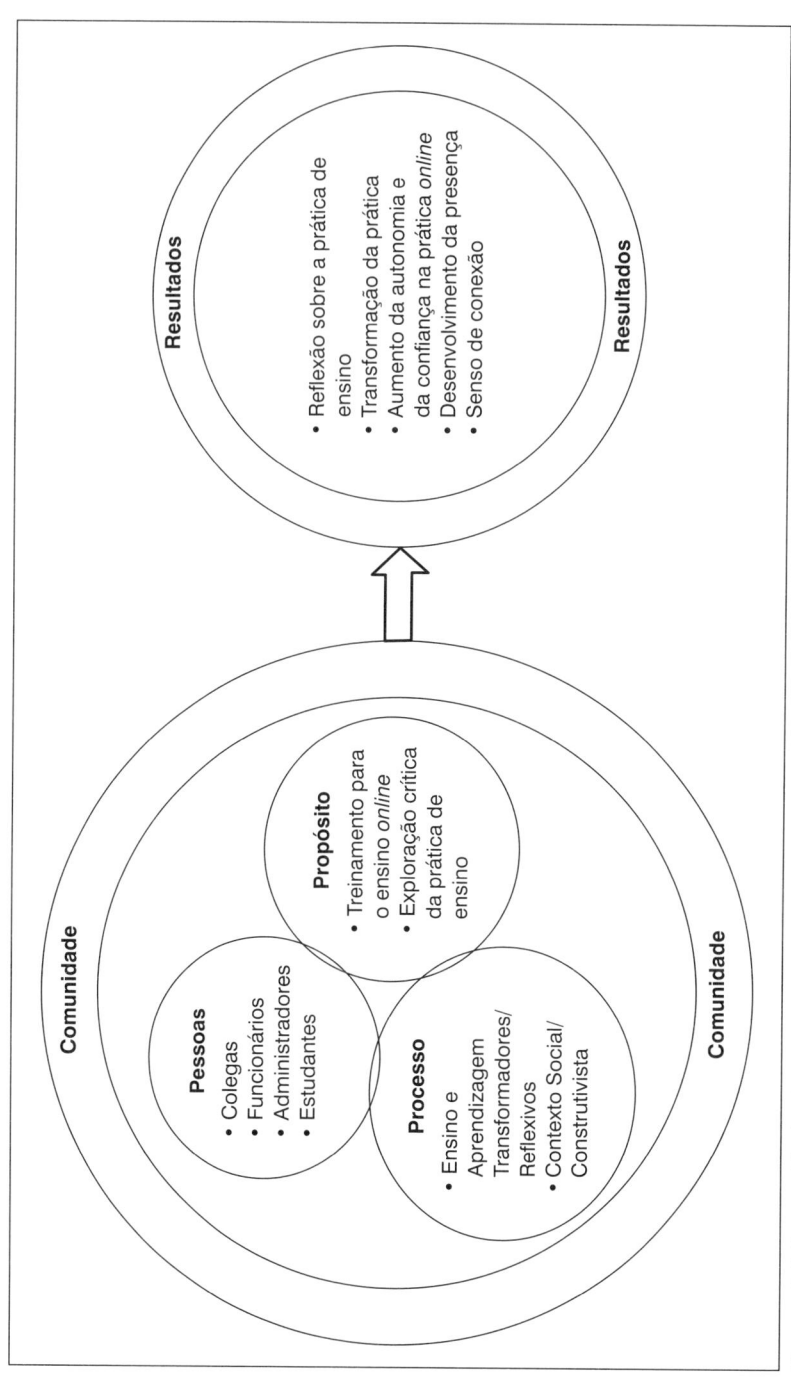

Processo
- Ensino e Aprendizagem Transformadores/Reflexivos
- Contexto Social/Construtivista

Resultados
- Reflexão sobre a prática de ensino
- Transformação da prática
- Aumento da autonomia e da confiança na prática *online*
- Desenvolvimento da presença
- Senso de conexão

Figura 4.1 Comunidade de aprendizagem de docentes.

O que é importante lembrar é que, devido às cargas de trabalho dos docentes e às restrições de tempo, o engajamento em comunicação *online* com outros membros do corpo docente (é claro, o componente *pessoas*) precisa ter um *propósito*. O propósito não pode ser simplesmente o treinamento e o desenvolvimento, mas também deve focar a exploração crítica da prática de ensino para o ensino híbrido e *online*. Consequentemente, reunir os membros da comunidade, no início, para negociar seu propósito e como os membros irão interagir uns com os outros (ou o *processo*) é extremamente importante. Além disso, os membros precisam participar do diálogo sobre os tópicos que desejam explorar, o tempo que estão dispostos a dedicar para a atividade, por quanto tempo a comunidade permanecerá unida e assim por diante. Assim como em um curso *online*, elaborar um estatuto do grupo ou um conjunto de diretrizes é essencial para o sucesso da comunidade de aprendizagem de docentes.

Um exemplo de uma bem-sucedida comunidade de aprendizagem formada por docentes é a Faculdade Comunitária Jamestown, em Nova Iorque. Primeiro, 14 membros do corpo docente da Jamestown iniciaram e completaram o programa de certificação em Ensino na Sala de Aula Virtual, na Universidade Fielding de Pós-Graduação. Durante o período em que estiveram no programa, eles realizaram reuniões durante o almoço para discutir o que estavam aprendendo e como iriam aplicar esse conhecimento em seu próprio ensino. Depois do término do programa, as reuniões durante o almoço continuaram, juntamente com a comunicação *online* – os participantes concluíram que haviam gostado do suporte permanente que as sessões proporcionaram e do pensamento criativo desencadeado por elas. A abordagem da comunidade de aprendizagem não apenas fornece treinamento e suporte permanentes para docentes com um mínimo de gasto orçamentário, mas também proporciona a experiência de uma maneira como a educação pode acontecer com os estudantes, permitindo, dessa forma, a transferência da abordagem aprendida para as aulas ministradas.

TRABALHANDO A DISTÂNCIA COM PROFESSORES ADJUNTOS

Em razão dos professores adjuntos serem, frequentemente, profissionais de uma disciplina específica em primeiro lugar e instrutores em segundo, Lorenzetti (2009) especula que uma potencial fraqueza deles é a falta de treinamento em teoria pedagógica. Isso pode resultar em um impacto negativo não apenas sobre a retenção e o sucesso dos estudantes, mas também sobre a evasão de professores adjuntos. Embora isso possa não ser verdadeiro para todos esses profissionais, eles precisam ser inseridos em quaisquer esforços de desenvolvimento de docentes para o ensino *online* que sejam oferecidos no *campus* ou *online*, e a orientação para eles deve ser obrigatória antes que comecem a lecionar em um programa *online*. Com isso, os adjuntos podem e devem se tornar parte da abordagem comunitária para o treinamento, enquanto desenvolvem uma conexão com a instituição e aumentam seu nível de habilidade no ensino. Velez (2009) observa que muitos docentes podem criar, e criam, carreiras de tempo integral, ensinando *online* para múltiplas instituições. Ela ainda menciona que, depois de esses adjuntos terem recebido treinamento e suporte técnicos, sua necessidade de tais serviços diminui. Contudo, sua necessidade de colegialidade e de conexão continua. Velez declara: "Já que nenhum estudo confirmou como os docentes *online* operacionalizam o construto da colegialidade, as universidades podem estar fazendo isso errado ou podem não estar fazendo nada a esse respeito" (p. 1). Nossas próprias experiências como adjuntos *online* confirmam essa observação – raramente é oferecido aos professores adjuntos treinamento contínuo para o ensino *online*, e raramente eles são incluídos nas decisões em relação à estrutura e ao *design* do programa, à governança e a assuntos do gênero. O resultado é um corpo de docentes bastante desconectado e isolado, com pouco *insight* sobre como conseguir ajuda quando for preciso, como lidar com estudantes difíceis ou como buscar treinamento adicional caso assim o desejem.

  Envolver professores adjuntos *online* em comunidades de prática é uma forma de proporcionar o treinamento contínuo e a conexão de que eles necessitam. Além disso, é possível que tal abordagem melhore a *performance* dos docentes por meio de discussões permanentes sobre prática de ensino e possibilite um lugar para se trazer à baila questões difíceis à medida que elas surjam. Isso também permite que a universidade transmita com mais facilidade as novas expectativas em relação à prática, introduza novas tecnologias e assegure melhor que essas práticas estão sendo integradas ao ensino, por meio da discussão permanente. A inclusão de adjuntos na comunidade de aprendizagem de docentes assegura ainda mais a lealdade para com a instituição, ajudando-os a se sentirem como se fizessem parte de um lugar, mesmo que este seja virtual – um aspecto importante da criação de comunidades. Muitas vezes, as instituições pressupõem que seus professores adjuntos não querem ser envolvidos em treinamento e discussão permanente; entretanto, nossas discussões com adjuntos provaram exatamente o contrário. Tudo o que os administradores têm a fazer é perguntar – eles provavelmente ficarão surpresos com os resultados! Proporcionar outras formas de incentivo para os adjuntos também pode ajudar a trazê-los para dentro das comunidades de aprendizagem de docentes. Os professores adjuntos gostam de receber ajuda financeira para o desenvolvimento de cursos, assistência para o pagamento de taxas de participação em conferências e até mesmo pequenos gestos de reconhecimento, como certificados e itens que contenham logotipos da universidade, por exemplo: camisetas e canecas de café. Tudo isso simplesmente faz os instrutores adjuntos sentirem que o trabalho que realizam é importante para a instituição e que suas contribuições são valorizadas.

TREINANDO DE MANEIRA EFICIENTE

Uma preocupação que nos é frequentemente expressada é que se pode levar mais do que um semestre para preparar adequadamente um membro do corpo docente para ensinar *online*. As pessoas têm nos perguntado: "Não há uma maneira de acelerar esse processo e transferir os docentes para os cursos *online* conforme a necessidade se apresenta?". A resposta a essa pergunta não é simples e depende de uma série de fatores, como o nível de experiência dos docentes com tecnologia e ensino *online*, e se os cursos são ou não pré-montados ou precisam ser desenvolvidos.

Se uma instituição está no processo de desenvolvimento de seu programa *online* e não possui cursos pré-existentes em que um adjunto ou um membro do núcleo do corpo docente possa simplesmente começar a ensinar, então algum tempo precisa ser alocado para o desenvolvimento do curso. Há um entendimento geral de que o prazo para o desenvolvimento do curso é de, aproximadamente, um semestre antes desse curso começar. Aqueles que têm experiência em desenvolvimento de cursos podem ser capazes de criar um curso em um período menor de tempo. Contudo, os principiantes e os iniciantes frequentemente precisam de pelo menos seis meses, e às vezes mais, para montar um curso, aprender a utilizar o Sistema de Gerenciamento de Cursos por meio do qual o curso será realizado, e também desenvolver habilidades para a facilitação eficaz. Aqueles docentes que possuem mais experiência com o ensino *online* podem não ter necessidade de focar as habilidades de facilitação, mas ainda podem precisar do tempo de desenvolvimento do curso.

Muitas instituições estão mudando para cursos pré-montados que possam ser oferecidos por diversos membros do corpo docente em uma dada disciplina ou área de conteúdo, a fim de terem um programa *online* que seja escalável. Nesse caso, o esforço de treinamento é focado na tecnologia em uso e nas habilidades de facilitação utilizadas para disseminar a aula. Quando os docentes têm alguma experiência com o ensino *online* e a aula é pré-montada, eles podem ficar prontos para ensinar em um período muito curto de tempo – algumas instituições realizam esse tipo de desenvolvimento em um treinamento *online* que pode durar de uma a quatro semanas. A Figura 4.2 ilustra as diferenças nos dois tipos de programas que viemos debatendo e a rapidez com que os docentes podem ser preparados para começar a lecionar.

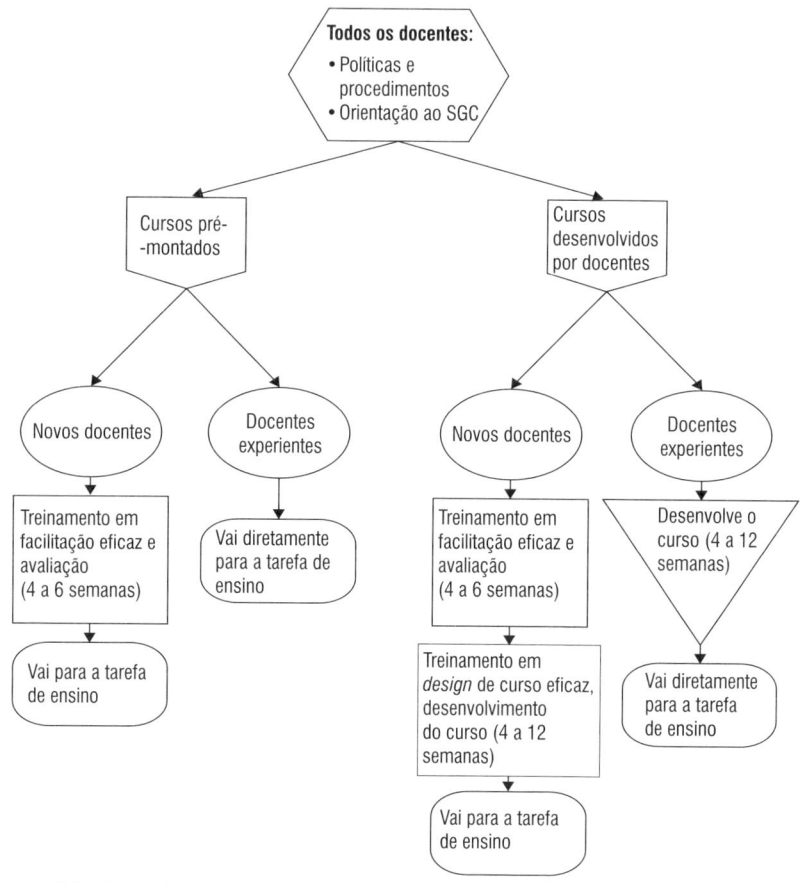

Figura 4.2 Fluxo do treinamento de docentes.

Circunstâncias imprevistas acontecem – a necessidade de uma seção extra em uma aula ou um membro do corpo docente impossibilitado de dar aula no último minuto, por exemplo –, mas um programa *online* bem planejado, com uma variedade de opções de treinamento e um quadro de docentes bem treinados, deve ser capaz de lidar com esses problemas de forma rápida. Assim como os docentes precisam ser flexíveis na oferta de seus cursos, o próprio programa deve ser suficientemente flexível para remanejar um membro experiente do corpo docente diretamente para os cursos *online* com um tempo mínimo de treinamento.

PROGRAMAS DE CERTIFICAÇÃO EM ENSINO *ONLINE*

Conforme os programas híbridos e *online* cresceram, surgiu a demanda de "certificar" os docentes para o ensino *online*. Até o momento da elaboração desse texto, não havia padrões para os instrutores *online* do ensino superior, embora existam padrões que estejam propostos para a educação K–12. O North American Council for Online Learning (Conselho Norte-Americano para a Aprendizagem Online, 2009) publicou um conjunto de padrões potenciais para o ensino *online* e para o *design* instrucional. Projetados para Estados, distritos escolares, programas *online* e outras organizações, os padrões medem a qualidade e fornecem uma escala de classificação que vai de "ausente" (está faltando um componente particular) até "muito satisfatório" (significando que não é necessária nenhuma melhoria). Diferente da Rubrica da Quality Matters, que focaliza o *design* instrucional, os padrões focam o(a) instrutor(a), as suas qualificações para ensinar *online* e a maneira como ele (ou ela) ministra a instrução. Os padrões incluem as seguintes categorias principais e diversos subpadrões contidos delas:

- O professor atende aos padrões profissionais de ensino estabelecidos por uma agência estadual de licenciamento ou possui credenciais acadêmicas na área em que está ensinando.
- O professor tem as habilidades de tecnologia que são pré-requisitos para ensinar *online*.
- O professor planeja, faz o *design* e incorpora estratégias para encorajar a aprendizagem ativa, a interação, a participação e a colaboração no ambiente *online*.
- O professor fornece liderança *online* de uma maneira que promove o sucesso dos estudantes, por meio de *feedback* regular, resposta pronta e expectativas claras.

- O professor modela, guia e encoraja o comportamento relacionado ao uso de tecnologia de forma que esse seja legal, ético, seguro e saudável.
- O professor experienciou a aprendizagem *online* a partir da perspectiva de um estudante.
- O professor entende e é responsivo aos estudantes com necessidades especiais na sala de aula *online*.
- O professor demonstra competências na criação e na implementação de avaliações em ambientes de aprendizagem *online*, de forma que assegurem a validade e a confiabilidade dos instrumentos e dos procedimentos.
- O professor desenvolve e realiza avaliações, trabalhos e tarefas que vão ao encontro das metas de aprendizagem baseadas em padrões, e avalia o progresso da aprendizagem mensurando o cumprimento de metas de aprendizagem por parte dos estudantes.
- O professor demonstra competências na utilização de dados e achados de avaliações, e de outras fontes de dados, para modificar métodos e conteúdos instrucionais e para orientar a aprendizagem dos estudantes.
- O professor demonstra estratégias frequentes e eficazes que habilitam tanto os professores quanto os estudantes a completarem autoavaliações e pré-avaliações (isto é, avaliar o grau de preparação para o conteúdo do curso e para o método de ensino).
- O professor colabora com os colegas.
- O professor organiza as mídias e o conteúdo para ajudar os estudantes e os professores a transferir conhecimento de maneira mais eficaz no ambiente *online*.

Os padrões, em sua totalidade, definem de maneira eficaz as características e os comportamentos do instrutor *online* excelente. Muitos programas de certificação são baseados em vários desses padrões, mas sem uma abordagem uniforme e aceita para a certificação, pois, atualmente, os programas existentes variam bastante em termos de conteúdo e qualidade. Apesar disso, a participação em um programa de certificação assegura que o instrutor esteve, no mínimo, envolvido em um programa *online* como um estudante que explora as melhores práticas em ensino *online*, dando a ele uma vantagem com um potencial empregador ou em seu próprio *campus*.

PONTOS-CHAVE EM RELAÇÃO AOS MODELOS DE DESENVOLVIMENTO DE DOCENTES *ONLINE*

- O treinamento para o ensino online deve ser desenvolvido a fim de corresponder às fases em que os docentes se encontram – em outras palavras, as experiências de treinamento devem ser desenvolvidas de modo que abarquem o *continuum* que vai dos que têm pouca ou nenhuma experiência até aqueles que são instrutores *online* mestres.
- Os tópicos para o treinamento devem responder ao interesse e às necessidades dos docentes. Fazer um levantamento com eles para determinar quanta experiência eles têm e quais as suas necessidades de treinamento poderia ser uma boa maneira de começar.
- Utilizar uma abordagem de comunidade de aprendizagem em relação ao treinamento para modelar o desenvolvimento de uma comunidade desse tipo em um curso *online* e para manter os esforços de desenvolvimento de docentes.
- Incluir os professores adjuntos no treinamento e na comunidade de aprendizagem de docentes para aumentar os níveis de lealdade e conexão desses docentes, bem como aumentar a sua *performance*.
- Planejar, planejar e planejar os esforços de desenvolvimento de docentes com muita antecedência!
- Treinar de maneira eficaz, traçando o fluxo de treinamento desde a orientação até o ponto da implementação do curso, e ser flexível ao movimentar os docentes através do processo.
- Encorajar os docentes a inscreverem-se em programas de certificação ou criar um programa de certificação, no *campus*, para assegurar que os docentes recebam treinamento nas melhores práticas para o ensino *online*.

TORNANDO-SE SEU PRÓPRIO MENTOR

Se não existe um esforço para a realização de uma comunidade de aprendizagem em seu *campus*, considere a possibilidade de se tornar aquele que vai iniciá-lo. Você pode entrar em contato com seus colegas para começar a realizar discussões, durante o almoço, sobre tópicos de interesse para aqueles que estão ensinando *online*, montar grupos e fóruns de discussão *online* e iniciar projetos de treinamento colaborativo. A única questão a se considerar é o tempo, já que recursos *online* gratuitos para discussão estão amplamente disponíveis. Contate seus colegas e veja quem responde – você pode descobrir que há muitas pessoas em seu *campus* ou em sua instituição que estão interessadas em se reunir para explorar a prática do ensino *online*.

Considere também matricular-se em um programa de certificação para o ensino *online*. Fazendo isso, você será capaz de experienciar um curso *online* a partir da perspectiva do estudante e, em alguns casos, também a partir da perspectiva do instrutor. Você também estará interagindo com colegas de muitas instituições que compartilham a mesma opinião, o que expandirá sua rede de pares e o ajudará a criar uma comunidade de prática mais abrangente. Também considere participar de conferências *online* sobre tópicos relacionados ao ensino *online*. A maioria dos programas de certificação e das conferências *online* é acessível – mesmo que você não consiga receber uma verba de desenvolvimento de docentes de sua instituição, você deve conseguir acessar esses programas sem muitas dificuldades financeiras, e também existe a possibilidades de que você obtenha créditos de educação continuada ou de nível de pós-graduação, que podem ajudá-lo a avançar. Uma listagem contendo alguns programas de certificação pode ser encontrada no Apêndice B.

5

Mentoria de docentes *online*

A mentoria comumente é vista como uma estratégia promissora, por meio da qual os novos docentes são orientados às suas instituições e ao ensino (Yun e Scorcinelli, 2009). Weimer (2009) observa que não apenas aqueles que são mentoreados se beneficiam de uma relação de mentoria, mas também o mentor. A mentoria eficaz para novos instrutores, no ambiente face a face, é vista como tendo o impacto de reduzir o isolamento profissional, fornecendo suporte e *feedback* em relação à *performance*, e ajudando os mentoreados a alcançar maiores níveis de confiança em seu treinamento (Mohono-Mahlatsi e van Tonder, 2006). Quando se trata de ensinar com tecnologia, entretanto, a compreensão do papel da mentoria não é tão clara (Boulay e Fulford, 2009). Visto que os docentes que são novos no ensino *online* precisam de exemplos, modelos e suporte individualizado, um número considerável de instituições está voltando-se agora aos programas de mentoria, de modo a atender a essas necessidades.

Instituições como a Faculdade Estadual da Flórida, em Jacksonville, e a Universidade Park, em Missouri, adotaram programas de mentoria como um meio de orientar os docentes *online*, fornecendo treinamento e desenvolvimento permanentes, e de reter esses profissionais. Criar uma relação de mentoria por meio do emparelhamento dos docentes que têm mais experiência *online* com aqueles que estão apenas começando ajuda a derrubar barreiras e fornece exemplos reais e concretos do que funciona e do que não funciona. Estudos sobre o desenvolvimento de docentes por meio da mentoria revelam que, sem o apoio de um colega mais experiente para guiá-los, muitos professores provavelmente teriam encerrado seu envolvimento com o ensino *online* depois de seu primeiro curso (Mandernach, Donelli, Dailey e Schulte, 2005). Utilizar uma abordagem de mentoria para o treinamento de instrutores *online* pode ajudar a determinar quem será bem-sucedido e quem poderia não ter o perfil para o ensino *online*, considerando que os mentores também podem ser solicitados a desempenhar o papel de avaliadores de seus mentoreados. Nós revisaremos as abordagens de mentoria neste capítulo, juntamente com as sugestões para o desenvolvimento de programas eficazes nesse sentido.

ELEMENTOS COMUNS DAS ABORDAGENS DE MENTORIA

Chuang, Thompson e Schmidt (2003) revisaram a literatura sobre programas de mentoria em tecnologia para docentes e descobriram que todos os programas e abordagens discutidas incluíam diversos elementos comuns: fornecendo visões para o uso de tecnologia; individualizando o suporte tecnológico; eliminando a estrutura hierárquica; estabelecendo diálogo aberto e relações colaborativas; fornecendo benefícios mútuos para mentores e mentoreados; e enfatizando a criação de uma comunidade de aprendizagem para os participantes do programa. Vamos dar uma olhada em cada um dos elementos e em como um programa de mentoria poderia abordá-los.

Fornecendo visões para o uso de tecnologia

Muitas vezes, os instrutores principiantes têm dificuldade de ver a miríade de maneiras como a tecnologia poderia ser infundida em seu ensino. Conforme temos discutido, isso e o próprio medo da tecnologia são algumas das necessidades que os professores principiantes têm ao adentrarem no ensino *online*. Ao trabalharem colaborativamente com um mentor ou um grupo de pares, os docentes principiantes podem começar a "pegar a visão" em termos das formas como a tecnologia poderia melhorar o trabalho realizado com os estudantes, bem como desenvolver a compreensão da pedagogia envolvida no ensino *online*. Chuang, Thompson e Schmidt (2003) salientaram que os docentes que completaram os programas de mentoria indicaram ser capazes de adquirir um nível mais profundo de compreensão em termos de como utilizar a tecnologia de forma eficaz, juntamente com um maior sentimento de confiança em sua capacidade de fazê-lo.

Individualizando o suporte tecnológico

O suporte individualizado, como o oferecido por meio de uma relação de mentoria, proporciona instrução focada no aluno. Considerando que uma abordagem com esse foco é o que estamos promovendo para o ensino *online*, não faz sentido proporcionar o mesmo para aqueles que estão aprendendo como fazer isso? Trabalhar com um mentor para aprender como usar tecnologia e ensinar *online* permite que o novo instrutor *online* trabalhe no seu próprio ritmo, enquanto leva em consideração as necessidades especiais da disciplina ou da abordagem de ensino de um instrutor. Ademais, o fornecimento de uma abordagem individualizada reduz a percepção de risco por parte do novo instrutor, permitindo experimentação e exploração sem que se sinta ou pareça tolo diante de um grupo de estudantes. Essa abordagem permite que os instrutores pratiquem e cometam erros antes de "estarem ao vivo" com um grupo de estudantes em uma sala de aula *online*. Muitas vezes, isso envolve acompanhar primeiramente um instrutor mais experiente em seu curso *online*, seguindo-se depois o acompanhamento do novo instrutor, em sua primeira aula, pelo mentor. As observações devem ser acompanhadas de discussões contínuas sobre técnica e projetadas para apoiar quaisquer mudanças necessárias. O que deve ser evitado, contudo, é colocar o mentor em uma posição avaliativa em termos de *performance* no trabalho ou de permanência no emprego. O *feedback* deve existir para efeitos de *performance* e melhoria da qualidade.

Eliminando a estrutura hierárquica

As abordagens em grupo e em rede, e o uso de estudantes como mentores auxiliam a eliminar as tradicionais estruturas hierárquicas que existem na mentoria tradicional. Quando um instrutor mais experiente é designado para a mentoria de um instrutor principiante, um desequilíbrio de poder é estabelecido. Também há um risco inerente, quando os mentores são designados em vez de escolhidos, de que os indivíduos envolvidos não desenvolvam um relacionamento forte que levaria aos resultados desejados (Goodyear, 2006). Quando abordagens de grupo e de rede são utilizadas, contudo, os mentoreados frequentemente decidem os rumos da mentoria, determinam as normas pelas quais o grupo irá operar e estabelecem a agenda para o grupo. Não sendo dependentes de um relacionamento pessoal, os mentoreados são capazes de suprir suas necessidades a partir de múltiplas fontes e os desequilíbrios de poder são apagados, resultando, assim, em uma abordagem mais colaborativa e orientada à comunidade. Isso é particularmente importante quando os estudantes são utilizados como mentores – eles precisam se sentir confortáveis ao abordarem seus mentoreados em pé de igualdade, a fim de apoiá-los em sua aprendizagem sobre a tecnologia e sobre o uso eficaz dela.

Estabelecendo diálogo aberto e relações colaborativas

Quando modelos não hierárquicos são empregados para a mentoria, frequentemente o resultado são níveis aumentados de respeito mútuo e confiança (Chuang, Thompson, e Schmidt, 2003). Não é incomum ver os mentoreados se envolvendo em trabalhos colaborativos uns com os outros, conforme ficam mais confortáveis com o uso de tecnologia – vimos o desenvolvimento de *wikis*; de projetos no Second Life; coensino, artigo de coautoria e coapresentação em conferências, resultantes de programas de mentoria em grupo e em rede; e vimos, muitas vezes, tais colaborações entre membros do corpo docente e seus mentores estudantes. Na verdade, também nos beneficiamos de colaborações desse tipo quando trabalhamos com nossos próprios estudantes para aprender uma nova forma de tecnologia. Mais recentemente, contamos com a colaboração de um estudante de pós-graduação para dar suporte ao nosso trabalho de treinamento e desenvolvimento de docentes voltado a um grupo de professores de matemática do K–12. Nosso estudante desenvolveu significativa *expertise* no uso de telefones celulares em sua aula de matemática – algo que ele está nos ensinando agora. Nós o trouxemos para um treinamento *online* a fim de apresentar seu trabalho nessa área e também para dar suporte aos professores em sua exploração de abordagens construtivistas para o ensino de matemática. Seu envolvimento foi extremamente positivo e fez o grupo avançar muito mais em sua aceitação e compreensão dessa abordagem do que se tivéssemos trabalhado sozinhos com eles.

Fornecendo benefícios mútuos para mentores e mentoreados

Toda a literatura que revisamos sobre mentoria, juntamente com nossas próprias experiências nessa área, sublinham que os processos de mentoria beneficiam todos aqueles que deles participam – sejam mentores ou mentoreados. Ajudando ou sendo ajudado, a autoestima e a confiança aumentam juntamente com o respeito mútuo. Todas as partes também têm uma sensação de empoderamento e se veem como capazes de influenciar aqueles que prosseguirão na profissão (Goodyear, 2006). Bright (2008) sugere que a colaboração também pode criar uma maior sensação de propriedade em relação ao programa *online* da instituição e uma maior disposição para participar das atividades de avaliação, um tópico que discutiremos mais a fundo no próximo capítulo. Consequentemente, não apenas os programas de mentoria beneficiam aqueles que deles participam, mas também possuem o potencial de beneficiar a instituição como um todo e apoiam seus esforços para implementar e cultivar programas de aprendizagem *online*.

Enfatizando a criação de uma comunidade de aprendizagem para os participantes do programa

Os benefícios e resultados positivos da mentoria que temos descrito – colaboração aumentada, disposição para experimentar novas abordagens, confiança e respeito mútuos, metas de aprendizagem mútuas, redução da hierarquia e comunicação aberta – são todos elementos importantes envolvidos no desenvolvimento de uma comunidade de aprendizagem. Adicione a isso o fato de que o ensino *online* pode ser uma empreitada muito solitária. Criar uma comunidade de aprendizagem por meio das relações de mentoria pode reduzir significativamente o isolamento e engendrar uma sensação mais forte de conexão com a instituição – algo que é particularmente importante para os professores adjuntos a distância.

O estabelecimento e a promoção de um programa de mentoria para o ensino *online* pode ajudar a infundir uma abordagem de comunidade de aprendizagem e dentro do treinamento e, desse modo, dentro do ensino em ambiente *online*. Se ensinarmos da maneira como fomos ensinados, e se formos ensinados de maneira diferente à medida que avançamos no ensino *online*, é provável que o resultado final seja uma abordagem construtivista mais focada no aluno e o desenvolvimento de instrutores *online* verdadeiramente excelentes. Nos voltamos agora para as medidas propostas pelas quais os programas de mentoria podem ser desenvolvidos e implementados na instituição a fim de apoiar essas metas.

ABORDAGENS EM RELAÇÃO À MENTORIA PARA O ENSINO *ONLINE*

Os programas de mentoria para o uso de tecnologia e o ensino *online* assumem diversas formas. O mais comum é a combinação de um docente mestre ou de um iniciado mais experiente com um principiante ou iniciante, refletindo os programas de mentoria comumente vistos no ensino face a face. Essa abordagem em relação à mentoria é geralmente vista como hierárquica – um membro do corpo docente mais velho e experiente é emparelhado com um membro do corpo docente mais jovem e de um nível mais inicial (Zachary, 2000). Considerando, entretanto, que os docentes mestres *online* podem ser mais experimentados do que seus pares principiantes, mas não necessariamente mais velhos, os modelos hierárquicos para a mentoria de instrutores *online* podem não ser aplicáveis.

Outros modelos de mentoria incluem arranjos informais ou *ad hoc*, nos quais os docentes iniciados ou mestres se voluntariam para mentorear os docentes principiantes à medida que esses expressam interesse em experimentar o ensino *online*, ou nos quais os docentes principiantes podem abordar um colega mais experiente para solicitar ajuda. Frequentemente, essas relações podem surgir como resultado da participação em um treinamento face a face no *campus* ou em uma comunicação *online* em um fórum de docentes ou em listas de discussão. Essas relações podem não ser formalizadas em um sentido administrativo, mas, ainda assim, servem ao propósito de fornecer modelos e suporte aos docentes principiantes.

Um outro meio pelo qual a mentoria ocorre – e que é um desvio considerável em relação aos modelos hierárquicos de mentoria – é o uso de estudantes como mentores. Algumas instituições estão emparelhando os estudantes de graduação e de pós-graduação com os membros do corpo docente. O papel dos estudantes na relação é auxiliar os membros do corpo docente na utilização e na integração de tecnologia. Muitas vezes, os estudantes se beneficiam com uma maior aprendizagem sobre o ensino no processo. A abordagem do "estudante como mentor" também tem sido utilizada com estudantes de escolas secundárias atuando como mentores. O programa Generation YES (Youth e Educators Succeeding, Jovens e Educadores de Sucesso), que começou em 1996, em Olympia, cidade do estado americano de Washington, treina estudantes da 8ª série (do ensino fundamental) até a 12ª (3ª série do ensino médio) para atuarem como mentores dos professores do K–12, auxiliando-os na integração de tecnologia e ajudando-os a atender aos padrões estaduais de tecnologia. Considerado um programa exemplar pelo Departamento de Educação dos Estados Unidos, a pesquisa de avaliação concluiu que o programa teve impacto significativo sobre a integração de tecnologia por parte dos professores participantes, ao mesmo tempo em que documentou substanciais ganhos de aprendizagem por parte dos mentores em idade escolar (Generation www.Y, s.d., Evidence of Effectiveness, Evidência de Eficácia, parágrafos 1 a 4).

A mentoria não precisa necessariamente ocorrer em uma relação pessoal. Anteriormente neste livro, fizemos referência às abordagens de grupo para a mentoria. Gray e Birch (2008) discutiram uma abordagem desse tipo, em que um grupo de novos docentes iria mentorear uns aos outros, enquanto buscavam relações de mentoria com docentes mais experientes. Embora seja uma abordagem interessante, ela pode não ser eficaz com docentes *online* que podem estar tendo dificuldades para aprender a usar tecnologia, não sendo capazes, portanto, de se orientarem mutuamente. Contudo, abordagens grupais com o objetivo de mentorear o ensino *online* têm mérito.

Goodyear (2006) descreve a rede desenvolvimental, que muda o foco da mentoria diretamente para o mentoreado. Nessa forma de mentoria, os mentoreados desenvolveriam suas próprias redes em resposta às suas necessidades particulares; é possível que essas redes mudem ao longo do tempo, à medida que as necessidades e o nível de experiência dos mentoreados mudam. Os mentoreados, nesse caso, poderiam entrar em contato com diversas pessoas para que os ajudem com várias funções e habilidades, conforme mostrado na Figura 5.1.

O formato em rede da mentoria de grupo é particularmente benéfico para aqueles que não têm programas formais de mentoria ou de desenvolvimento de docentes em suas instituições. Ao avaliarem suas necessidades individuais, docentes de todos os níveis de desenvolvimento podem identificar e contatar aqueles que melhor atenderiam a essas necessidades. A mentoria poderia assumir a forma de uma única conversa sobre uma questão em particular, de uma discussão contínua por *e-mail* ou telefone, ou de reuniões face a face regulares, quando as necessidades surgissem. Goodyear aponta que a capacidade de contatar um grupo diverso de indivíduos de várias instituições, formações, profissões, etc., ajuda a criar uma perspectiva mais ampla do que se a relação de mentoria fosse apenas entre duas pessoas. A combinação dessa abordagem com a mentoria entre um grupo de pares tem o potencial de criar um programa de mentoria extremamente forte – uma abordagem que discutiremos mais detalhadamente mais adiante neste capítulo.

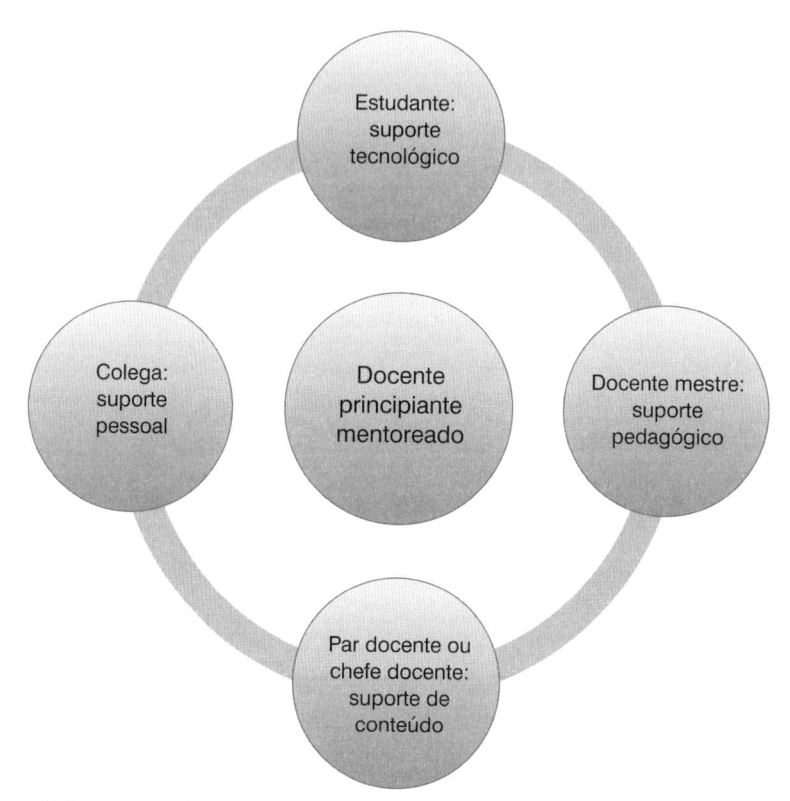

Figura 5.1 Amostra de rede desenvolvimental.

DESENVOLVENDO UM PROGRAMA DE MENTORIA EFICAZ

Dados os benefícios potenciais que a mentoria proporciona aos novos instrutores *online*, desenvolver um programa de mentoria como parte do desenvolvimento de docentes simplesmente faz sentido. Combinar todas, ou algumas, das abordagens para mentorear também faz sentido em termos de fornecimento do maior nível de suporte, de desenvolvimento de habilidades técnicas e de ligação com a instituição. Consequentemente, propomos a seguir um formato possível para um programa de mentoria, que pode ser modificado, expandido ou contraído, dependendo da cultura institucional e das restrições orçamentárias. O programa que propomos consiste em uma combinação de abordagens individuais, grupais e em rede.

Planejar o programa

O primeiro passo na implementação de um programa de mentoria no *campus* ou a distância é incorporar o programa no plano estratégico para a instituição ou no plano estratégico para a integração de tecnologia. As questões que precisam ser abordadas e respondidas incluem:

- A que propósito o programa de mentoria servirá? Qual é a intenção?
- Nós temos docentes iniciados e mestres disponíveis para trabalhar como mentores?
- Quais os modos de comunicação que temos disponíveis para dar suporte ao programa de mentoria (isto é, telefone, *e-mail*, aplicativos de mensagem instantânea, *webconferência* e assemelhados)? Quais ferramentas de comunicação são comumente usadas em nosso ambiente?
- Quantos docentes precisarão de mentoria?
- Como deve ser o programa em nossa instituição? Devemos combinar mentores com mentoreados a fim de termos mentorias individuais? Devemos formar grupos com um único mentor? Devemos permitir que os mentoreados determinem suas próprias formas de mentoria e apoiar o desenvolvimento de redes? Nós queremos uma combinação de todas essas abordagens?
- Seremos capazes de proporcionar estipêndios ou outros incentivos aos mentores? Que nível de comprometimento com o programa iremos exigir?

Lidar com essas e com outras questões proporcionará a fundação e o rumo para o programa. Fazer um levantamento com os docentes sobre suas necessidades é um bom ponto para se começar, e é provável que a inclusão de suas necessidades no *design* do programa terá sucesso.

Começar com o treinamento de mentores

Independentemente da forma que o programa assume, aqueles que trabalharão como mentores, de maneira formal ou informal, precisam de treinamento e de preparação antes de serem chamados a atuarem. Os tópicos a serem considerados no treinamento incluem:

- Teoria da aprendizagem de adultos e desenvolvimento de adultos.
- Liderança de docentes.
- Conhecendo a si mesmo: que contribuições trago para a relação de mentoria e quais são algumas das áreas de necessidade? Onde posso ser mais útil?
- Requisitos dos mentores e a natureza do programa de mentoria.
- Estabelecer e manter uma relação de mentoria.
- Habilidades de comunicação eficazes.
- Socialização profissional – adaptar o mentoreado à instituição e à profissão.
- Mentorear o mentoreado que está passando por dificuldades.
- Planejar e monitorar o progresso.
- Modelar o uso da tecnologia.
- Habilidades eficazes de ensino *online*.

O treinamento de mentores pode ser distribuído tanto de forma híbrida quanto *online*, durante um período de 4 a 6 semanas. Depois que um(a) mentor(a) é treinado(a), ele ou ela pode, então, facilitar cursos de treinamento para um grupo de mentoreados, ser designado para um único mentoreado ou ser disponibilizado para fazer parte de uma rede de mentores em potencial.

Divulgar e avaliar o programa

Os docentes principiantes e iniciantes que estão ingressando no ensino *online* precisam saber qual treinamento eles deverão completar, bem como a natureza do programa de mentoria que eles estão iniciando.

Assim como os benefícios e os requisitos da mentoria são comunicados aos mentores, os requisitos dos mentoreados também precisam ser comunicados, além dos benefícios positivos que provavelmente serão produzidos pela sua participação nela. Em muitos programas de mentoria, os mentores e os mentoreados assinam contratos de mentoria; embora isso seja mais importante em relações de mentoria individual, um acordo para se participar do treinamento e da mentoria é uma boa ideia, conquanto delineie claramente as responsabilidades.

Os docentes participantes, tanto mentores quanto mentoreados, devem acompanhar suas atividades ao longo do processo e devem, também, ser questionados periodicamente para avaliar a eficácia de sua participação no ensino e no uso de tecnologia. Os mentoreados que estão criando uma rede desenvolvimental podem utilizar um plano de preparação e mentoria (ver um exemplo no Apêndice A) para acompanhar suas necessidades mais prementes em relação à mentoria, à pessoa que eles designaram para ajudar a lidar com essas necessidades e às atividades que estão sendo usadas para abordá-las. Esse plano deve ser fluido, de forma que ele mude conforme o progresso é realizado e novas necessidades são identificadas. Ele também pode propiciar uma boa fonte de dados de avaliação com o passar do tempo.

Formato do programa

Conforme mencionado, o programa de mentoria mais eficaz conterá elementos de mentoria individual, com mentores escolhidos ou designados, mentoria em grupo e mentoria por meio de uma rede desenvolvimental. A Figura 5.2 ilustra como o programa é projetado.

É provável que a combinação de todas as abordagens atenda a uma variedade de necessidades, enquanto auxilia os docentes *online* principiantes e iniciantes a fazer a transição para o ensino *online* de maneira bem-sucedida. Além disso, a combinação de abordagens proporciona aos novos docentes a exposição a diversas pessoas com uma variedade de habilidades e *expertise* em áreas diferentes, permitindo, desse modo, que eles desenvolvam uma variedade de habilidades e capacidades em um menor período de tempo.

Diagrama de fluxo com nove círculos conectados:

- Treinamento de mentores → Mentoria em grupo de pares → Redes desenvolvimentais formadas
- ↓ ... ↓
- Cria-se um diretório de mentores ← Mentoria individual ← Treinamento individual e desenvolvimento contínuos para todos os docentes
- ↓ ... ↓
- Os mentores treinam os docentes novatos e principiantes → Surgem as comunidades de aprendizagem formadas por docentes → Novo grupo de mentores treinados

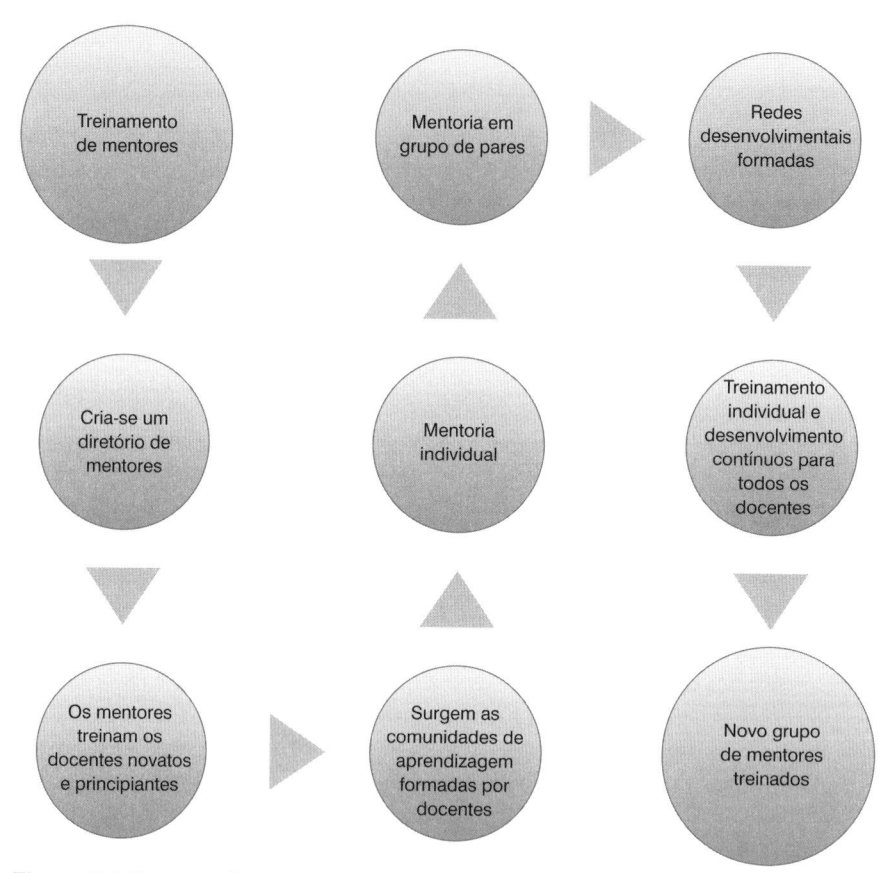

Figura 5.2 Formato do programa de mentores.

O QUE AS ORGANIZAÇÕES PODEM FAZER PARA PROMOVER A MENTORIA

Zachary (2000, p. 177-178) fala sobre a importância de se criar um programa de mentoria sustentável. Ela defende que, para fazê-lo, a organização ou a instituição precisa incorporar a mentoria em uma cultura organizacional que valorize a aprendizagem contínua. Ela apresenta três sinais indicativos de que uma cultura de mentoria está presente:

- *Prestação de contas* – visando a contínua melhoria da qualidade, o programa de mentoria é avaliado regularmente, o progresso é aferido e os resultados são comunicados.

- *Alinhamento* – a mentoria está incorporada à cultura e não é vista como uma atividade adicional; é atribuída à aprendizagem uma prioridade elevada.
- *Demanda* – as pessoas querem participar do programa como mentores ou mentoreados e buscam oportunidades formais e informais para tanto.
- *Infraestrutura* – os recursos humanos e financeiros apoiam o programa.
- *Um vocabulário de mentoria em comum* – as pessoas em toda a organização falam positivamente sobre o programa, valorizam as experiências de mentoria e buscam recursos e oportunidades adicionais para a aprendizagem.
- *Múltiplos locais* – uma combinação de opções de mentoria está disponível.
- *Recompensa* – bonificações e benefícios são oferecidos aos mentores; ocorre o reconhecimento pela participação.
- *Modelo a ser seguido* – a excelência em mentoria na organização é visível e os sucessos são publicamente compartilhados.
- *Rede de segurança* – o suporte está prontamente disponível.
- *Treinamento e educação* – o treinamento e a educação estão estrategicamente vinculados como parte de um plano geral; a construção de habilidades e a renovação do treinamento, tanto para mentores quanto para mentoreados, fazem parte do programa.

No geral, as organizações podem promover a mentoria apoiando os esforços de mentoria e construindo-os em seus planos de desenvolvimento de docentes. Mesmo quando os orçamentos são apertados, a mentoria pode ocorrer para apoiar o desenvolvimento de ensino *online* de alta qualidade, fazendo uso dos recursos fornecidos pelos docentes mestres. O reconhecimento de suas contribuições como mentores tem valor inestimável.

PONTOS-CHAVE EM RELAÇÃO À MENTORIA DE DOCENTES *ONLINE*

- Os programas de mentoria têm mostrado eficácia na promoção da integração de tecnologia e do ensino *online*.
- Os programas de mentoria podem assumir diversas formas – mentoria individual com mentores designados para o mentorea-

do ou escolhidos por ele, mentoria entre pares, mentoria em grupo e mentoria em rede. Todas são eficazes – escolher uma abordagem de mentoria deve depender dos recursos do orçamento e da cultura organizacional.
- Independentemente do método de mentoria escolhido, o treinamento para mentores deve estar disponível para ajudá-los a serem tão eficazes quanto possível.
- As abordagens impositivas para a mentoria e os mentores designados parecem ser as abordagens menos eficazes. As práticas de mentoria mais recentes favorecem a mentoria não hierarquizada, infundida na cultura organizacional e flexível ao longo do tempo.
- Tanto mentores quanto mentoreados beneficiam-se das relações de mentoria. Quando os estudantes são empregados como mentores, eles são expostos às práticas de ensino e também demonstram ganhos próprios de aprendizagem.
- Os programas de mentoria apoiam o desenvolvimento de comunidades de aprendizagem formadas por docentes e dão suporte ao trabalho colaborativo entre membros do corpo docente.
- Os programas de mentoria, juntamente com o desenvolvimento e a manutenção de comunidades de aprendizagem formadas por docentes, podem ajudar a reduzir o isolamento de docentes e propiciar um ponto de conexão com a instituição para os docentes adjuntos.
- Como em qualquer esforço de desenvolvimento de docentes, um programa de mentoria deve ser bem planejado e avaliado regularmente.

TORNANDO-SE SEU PRÓPRIO MENTOR

Ao final do Capítulo 2, pedimos que você determinasse as suas necessidades de treinamento e começasse o desenvolvimento de um plano de ação para atender a essas necessidades. Gostaríamos que você revisse esse plano e, com base em todas as necessidades que você apontou ter, começasse a pensar sobre quem, em sua rede ampliada, você poderia contatar para mentoreá-lo acerca de cada necessidade. No Apêndice A, você encontrará um plano de treinamento individual de docentes que pede que você identifique um membro de sua rede, a função de mentoria que essa pessoa realizará para você e as atividades potenciais que você gostaria de solicitar que essa pessoa se envolvesse com você. Além disso, ao final do Capítulo 4, pedimos que você identificasse pessoas que você poderia incluir em uma comunidade de aprendizagem. Pense nesse grupo como um grupo de mentoria entre colegas: em quais tópicos e atividades vocês poderiam se envolver em conjunto, de forma a contribuir com suas necessidades mútuas e habilidades? Como você poderia incluir membros de sua rede para dar suporte a todos os membros de seu grupo de mentoria? Acrescente essas ideias à segunda parte do plano de treinamento individual. Depois, estabeleça prazos para si mesmo, em termos de quando irá contatar as pessoas que você identificou e quando irá começar seu plano de mentoria. Lembre-se de que suas necessidades mudarão ao longo do tempo – quanto mais cedo você começar o seu plano inicial, melhor!

6

A lacuna crescente
o desenvolvimento profissional para professores do K-12

Uma grande lacuna se abriu, de tal forma que está criando significativos desafios, oportunidades e problemas de desenvolvimento profissional para os professores do K–12 e para aqueles, no ensino superior, que os preparam para ensinar. A National Education Association (Associação Nacional de Educação, NEA) (s.d.), em seu *Guide to Teaching Online Courses* (Guia para Lecionar em Cursos Online), afirma: "Estamos preparando professores para uma nova geração de alunos que cresceram com tecnologia computacional e de internet – alunos da 'geração milênio', que utilizam tecnologia em todos os aspectos de suas vidas, mas que ainda veem pouco uso significativo de tecnologia para expandir sua aprendizagem em sala de aula" (p. 3). Não muito diferente dos estudantes do ensino superior, os estudantes do K–12 e seus professores têm uma lacuna de percepção em termos do que os professores pensam que estão fornecendo e o que os estudantes pensam que estão recebendo, em termos da integração de tecnologia ao ensino e da qualidade das aulas *online*. Ademais, os estudantes do ensino superior que estão em programas de preparação de professores, muitos dos quais são alunos da geração milênio, raramente veem uma integração tecnológica eficaz nos programas que são projetados para ensiná-los a ensinar. Os programas, frequentemente, não incluem cursos sobre ensino e aprendizagem *online* ou cursos conduzidos em ambiente *online*. O resultado: professores mal preparados para ensinar os estudantes com quem eles têm que lidar diariamente.

A oferta de aulas *online* no âmbito do K–12 está aumentando drasticamente, promovendo a necessidade de inclusão de treinamento para o ensino *online* em programas de treinamento de professores. James Lehman, diretor de projeto do Programa PT3, da Universidade de Purdue, teria dito que "se nossos estudantes de licenciatura veem os membros do corpo docente ministrando apenas aulas expositivas, eles provavelmente darão somente aulas expositivas. Mas se eles veem seus professores usando tecnologia de forma eficaz, também usarão tecnologia de forma eficaz" (Preparing Tomorrow's Teachers to Use Technology, Preparando os Professores de Amanhã para Utilizarem Tecnologia, 2002, p. 1). Junte a isso as demandas dos Estados em que os professores ensinam para que eles sejam tecnologicamente competentes, e surge um problema de desenvolvimento profissional significativo.

Como acontece com os instrutores no ensino superior, o encorajamento para que os professores e os educadores de professores incorporem tecnologia ao seu ensino, ou para que ensinem *online*, pode encontrar resistência e ser contestado. Os professores trabalham em um ambiente predominantemente centrado no professor, com os dias extremamente estruturados e pouco tempo livre, e gastam tempo em casa trabalhando na preparação de aulas e na avaliação dos trabalhos dos estudantes, o que lhes deixa pouco tempo disponível para buscarem seu próprio treinamento em ensino *online*. Acrescente a isso uma certa sensação de conforto com a maneira como as coisas sempre transcorreram em suas salas de aula, os cursos que foram desenvolvidos com base nos livros didáticos sendo utilizados e as competências que devem ser atendidas e medidas por meio de testagem padronizada, e o espaço para o desenvolvimento profissional em ensino *online* parece desaparecer completamente (Preparing Tomorrow's Teachers to Use Technology, 2002). Não obstante, a demanda pela integração de tecnologia no ensino do K–12, juntamente com a demanda por aulas *online*, não está diminuindo.

Deubel (2008) relata que a demanda pela "escolarização virtual" está aumentando a uma taxa de cerca de 30% ao ano e, com isso, vem a demanda por professores experientes que possam ensinar *online*. Watson e Kalmon (2006) ainda relatam que, em 2006, havia 24 escolas virtuais, administradas por estados, e doze estados adicionais em processo de desenvolvê-las. Como seus homólogos do ensino superior, os professores precisam de treinamento nos fundamentos teóricos, pedagógicos e técnicos do trabalho *online*. Eles também precisam entender como facilitar de maneira eficaz uma aula *online*, incluindo o desenvolvimento de discussões eficazes, o gerenciamento de alunos, a incorporação de atividades colaborativas e a condução de avaliações *online* do trabalho dos estudantes. Contudo, DiPietro, Ferdig, Black e Preston (2008) observam que as diretrizes publicadas visando fornecer aos professores do K–12 informações sobre as melhores práticas no ensino *online* frequentemente se referem a uma adaptação das técnicas e das práticas do ensino face a face ou são baseadas naquilo que é requerido para o ensino pós-secundário. Eles defendem que há poucos recursos disponíveis para auxiliar os professores *online* do K–12 na compreensão de práticas instrucionais eficazes para o ensino *online* nesse âmbito. Para entender melhor os desafios que se apresentam para o professores do K–12, primeiro observaremos como as aulas *online* são realizadas nessa esfera, e depois exploraremos as características da instrução excelente em aulas do K–12 e os meios pelos quais o desenvolvimento ocorre. Finalmente, retornaremos às questões e aos desafios que os professores do K–12 enfrentam, dando sugestões de como se pode lidar de forma eficaz com esses desafios, a fim de proporcionar instrução *online* excelente para os estudantes.

MÉTODOS DE ENSINO *ONLINE* NO AMBIENTE DO K–12

Como no ensino superior, o ensino *online* no K–12 ocorre por intermédio de recursos síncronos e assíncronos. De acordo com um relatório publicado pela International Association of K–12 Online Learning (Associação Internacional de Aprendizagem Online para o K–12, iNACOL) (2009), os programas *online* usam uma variedade de meios pelos quais a educação é oferecida; contudo, tem havido pouca pesquisa para determinar quais métodos são mais bem-sucedidos nesse nível.

Na maior parte dos casos, as escolas virtuais contam com as tecnologias assíncronas para acomodar os cronogramas escolares e individualizar o ritmo da distribuição de conteúdo. Em alguns casos, é usada uma combinação dessas tecnologias com tutoria e discussão realizadas em salas de aula virtuais síncronas. A determinação do cronograma e do ritmo geralmente coincide com o ano letivo, sendo que algumas das escolas virtuais operam com um cronograma aberto ou para o ano todo.

De forma similar à educação superior, a comunicação estudante-professor geralmente assume a forma de trocas de *e-mail* e de fóruns de discussão do curso. Algumas escolas virtuais exigem a comunicação regular por telefone entre professor e estudantes ou a participação em sessões síncronas via salas de aula ou de bate-papo virtuais para realizar essa comunicação. Os muitos papéis e tarefas do instrutor também se parecem com aqueles do ensino superior, incluindo a facilitação da instrução por meios síncronos e assíncronos, a condução de orientação e a avaliação do desempenho dos estudantes. Uma diferença é que também se espera que os professores do K–12 conduzam sessões regulares de tutoria com os estudantes, as quais são geralmente realizadas em horários programados e operadas por meio de mídias síncronas.

Os programas das escolas virtuais podem ser inteiramente *online*, ou de abordagens híbridas ou mistas. Há três modelos principais sendo utilizados: mistos, complementares e baseados em sala de aula (Van Dusen, 2009):

- *Modelos mistos*. Frequentemente utilizado pelas escolas *charter** ou por abordagens de ensino em casa, o modelo misto permite que os estudantes façam, por meio de aulas *online*, a maior parte dos trabalhos em casa, mas estes devem comparecer a curtas sessões semanais, com o mesmo instrutor, em um ambiente de sala de aula face a face.
- *Modelos complementares*. Essa abordagem permite que os distritos escolares ou múltiplos distritos cubram lacunas curriculares por meio do uso de cursos *online*. Nesse caso, os estudantes estão predominantemente na sala de aula face a face, mas podem fazer um ou dois cursos *online* a fim de ir além do que poderia ser oferecido em sua escola. Em geral, essa abordagem tem sido usada para cobrir as lacunas causadas pelos cortes de orçamento, que têm afetado predominantemente a capacidade de se oferecer cursos eletivos e avançados, cursos de línguas, etc. Além disso, os modelos complementares têm sido usados para o fornecimento de programas escolares de verão e para a recuperação de créditos por parte dos estudantes que necessitam deles para se formarem.
- *Modelos baseados em sala de aula*. Essa abordagem foca a integração de tecnologia na sala de aula face a face. Contudo, vai além de simplesmente utilizar a tecnologia para aperfeiçoar o ensino presencial, por potencialmente usar cursos *online* comprados para o uso em sala de aula ou por envolver todos os estu-

---

* N. de R.T.: *Charter schools* são escolas públicas dos EUA geridas por associações de pais, professores, ONGs, ou mesmo empresas. São independentes do currículo seguido pelas escolas públicas de seu distrito e têm o compromisso de alcançar os objetivos educacionais descritos em seu estatuto. Costumam ser inovadoras em seu currículo e metodologias, e suas vagas (gratuitas) são bastante procuradas. Em muitos casos, os novos alunos são selecionados por meio de sorteios entre os candidatos.

dantes em um ambiente *online* enquanto estão em um ambiente presencial.

Considerando que as demandas do ensino *online* no K–12 são, provavelmente, diferentes daquelas do ensino superior devido ao nível desenvolvimental dos estudantes, às formas em que os cursos são oferecidos, à natureza do currículo e à necessidade de ser responsivo a diversos públicos (estudantes, pais, escolas, distritos, estados e até mesmo o governo federal), o que é preciso para ser um eficaz, e até mesmo excelente, professor *online* do K–12? Que habilidades específicas são necessários e quais as características do professor *online* excelente? Um desafio adicional, que não é necessariamente percebido no ensino superior, é que o ensino *online* no K–12 é frequentemente usado para aquilo que é conhecido como "substituição de notas" ou "recuperação de créditos". Isso se refere à capacidade de os estudantes compensarem as notas ruins participando de instrução *online*. Dada essa situação, um professor pode ser confrontado com um ou mais estudantes desmotivados ou com estudantes que não têm habilidade suficiente na matéria sendo ensinada, criando, assim, uma necessidade significativa de tutoria, contato e *feedback* adicionais, a fim de manter os estudantes envolvidos e ajudá-los a seguir avançando. Consequentemente, as habilidades para lidar com estudantes desmotivados precisam ser incorporadas ao desenvolvimento profissional de professores para o ensino *online*.

CARACTERÍSTICAS DOS PROFESSORES *ONLINE* EXCELENTES

No Capítulo 4, revisamos os padrões para os professores *online* do K–12 propostos pelo North American Council for Online Learning (Conselho Norte-Americano para a Aprendizagem Online). A National Education Association (Associação Nacional de Educação, NEA, s.d.) resume as características dos professores *online* excelentes da seguinte forma:

- São preparados para usar informações, comunicação, Sistemas de Gerenciamento de Cursos e ferramentas de aprendizagem, e as usam de maneira eficaz.
- São indivíduos motivados e plenos de iniciativa, que podem trabalhar sob supervisão mínima.
- São centrados nos estudantes e flexíveis.
- São focados na manutenção de altos padrões.

- São capazes de promover e sustentar diálogo *online*.
- São capazes de estimular e manter uma comunidade de aprendizagem *online*.
- São capazes de facilitar a aprendizagem colaborativa.
- São capazes de colaborar com outros professores, apoiar funcionários e estudantes para promover o sucesso e a participação *online* destes.
- São capazes de especificar os objetivos de aprendizagem e de projetar avaliações autênticas para medi-los.
- Têm senso de humor e podem projetar suas personalidades desenvolvendo uma voz *online* (o que é descrito na literatura como a capacidade de estabelecer presença).
- Comunicam-se por escrito de modo eficaz.
- Completaram cursos de desenvolvimento profissional e atividades especificamente ajustadas para o ensino *online*.

Lembrando as características da excelência que apresentamos nos Capítulos 1 e 2, fica claro que os professores *online* na educação K–12 precisam ter as mesmas características de excelência de seus homólogos na educação superior. Há diferenças, contudo. A primeira, e mais óbvia, é a necessidade de ser capaz de oferecer educação *online* adequada, do ponto de vista desenvolvimental. Os professores do K–12 não apenas aprendem a lecionar a matéria, mas também a adaptá-la a uma série em particular. Embora isso seja até certo ponto verdade no caso do ensino superior, não é para ele uma questão tão importante.

Além disso, como a NEA aponta, os professores do K–12 devem chegar ao ensino *online* possuindo todas ou a maior parte dessas características, já que trabalham em um sistema muito diferente, governado por exigências de certificação e por legislações estaduais. Estão acontecendo muitas discussões no mundo do K–12, sugerindo que as habilitações para o ensino ou as certificações profissionais sejam adquiridas antes de se permitir que um professor lecione em cursos *online* (Deubel, 2008). Isso exigiria que os professores completassem uma quantidade não especificada de treinamento em ensino *online* e, então, fossem aprovados em algum tipo de exame para determinar se possuem ou não as habilidades necessárias para o ensino *online*. Deubel (2008) observa que, atualmente, quatro estados têm esse tipo de exigência de certificação e que há debates e discussões sobre a possibilidade de se criar uma certificação nacional para o ensino *online*. Contudo, há tanta variabilidade nas formas em que os professores são preparados para ensinar ao longo de seus cursos universitários que, a menos que ocorra alguma padronização no nível da educação superior – algo que provavelmente não vai acontecer em nenhum momento no futuro próximo –, a capacidade de implementar um padrão nacional para o desenvolvimento profissional *online* se transforma em um castelo nas nuvens ou, no mínimo, em um debate contínuo.

PREPARAÇÃO PRÉ-SERVIÇO DE PROFESSORES E DESENVOLVIMENTO PROFISSIONAL

O treinamento e o desenvolvimento profissionais no setor do K–12 ocorrem em três áreas – o desenvolvimento profissional para professores veteranos que querem lecionar *online* e atender às exigências contínuas de desenvolvimento profissional, a preparação pré-serviço de professores no nível da educação superior e o treinamento para os administradores que têm a tarefa de avaliar a *performance* dos professores no ensino *online*. Vamos, agora, dar uma olhada em cada uma dessas áreas individualmente.

Desenvolvimento profissional

Um requisito para a certificação permanente de professores é o desenvolvimento profissional. Consequentemente, não é incomum que professores procurem oportunidades para atender a esse requisito. O tempo, como foi mencionado anteriormente, pode ser um obstáculo para o preenchimento desse requisito de forma exitosa, contudo, o treinamento *online* pode ser uma maneira de resolver isso (Fenton e Watkins, 2007). Ao participarem de um treinamento *online* acerca de um grande número de tópicos, os professores podem ganhar a experiência de serem estudantes *online* enquanto adquirem uma compreensão mais profunda daquilo que é exigido pela pedagogia *online*. As aulas *online* que visam à preparação de professores veteranos para ensinar *online* também podem servir a esse duplo propósito. A NEA (s.d.) sugere que um programa de desenvolvimento profissional eficaz deve refletir pedagogia e didática *online* eficazes, e que ao menos alguma parte do treinamento para o ensino *online* deve ocorrer *online*, de maneira a "modelar o modelo" (p. 10). A NEA também sugere que, dada a natureza de disponibilidade em tempo integral do ensino *online*, os modelos tradicionais de desenvolvimento profissional que abrangem seminários face a face após a escola, ou com duração de um ou dois dias, não são particularmente eficazes, fazendo, desse modo, a abordagem *online* muito mais atraente para esses professores. Os tópicos sugeridos para o desenvolvimento profissional incluem a comunicação *online*, o fornecimento de *feedback* aos estudantes e aos pais, a facilitação de discussões e de projetos colaborativos, a utilização de ferramentas multimídia e a adaptação do currículo para a oferta *online*.

Muitos autores que discutem o desenvolvimento profissional para os professores *online* K–12 também falam sobre a importância da mentoria. O uso de professores mestres para apoiar o desenvolvimento de novos professores é uma prática comum na educação K–12 e é considerado útil ao se aprender a ensinar *online*.

Fenton e Watkins (2007) descrevem uma parceria entre um distrito de faculdades comunitárias e distritos escolares para a realização de treinamento *online*. Sua conclusão é que tais parcerias servem a dois propósitos: melhorar o treinamento pré-serviço para futuros professores no nível das faculdades comunitárias e fornecer o treinamento *online* de que os professores dos distritos escolares necessitam. Tais parcerias também têm o potencial de elevar o padrão em termos de qualidade instrucional em ambas as arenas.

Preparação pré-serviço de professores

De acordo com a NEA (s.d.), a educação pré-serviço de professores tradicionalmente não tem incluído quaisquer requisitos para o estudo do ensino *online*, e muitos programas ainda não possuem um requisito desse tipo. Ela recomenda que, no mínimo, a educação de professores deve incluir instrução sobre os seguintes tópicos:
- O uso de recursos de internet, fluência digital e alfabetização digital.
- *Fair use* e direitos autorais.
- Identificação de *websites* que apoiam o trabalho dos professores e que contêm material que eles possam integrar ao seu trabalho.
- Questões de acessibilidade e de conformidade com necessidades especiais.
- Uso aceitável de tecnologia e da internet, juntamente com diretrizes de Netiqueta.

- O desenvolvimento de planos de aula que integrem o uso da internet para pesquisa.

Além disso, a NEA recomenda que os professores em pré-serviço façam no mínimo um curso *online* sobre pedagogia e prática de ensino *online*. Esse curso deve incluir:

- Prática em discussões assíncronas e síncronas, junto com uma crítica do seu uso.
- Instrução e prática na construção de comunidades.
- Prática e crítica do uso de atividades colaborativas e de formação de equipes.
- Criação e oferta de lições *online* que podem ser criticadas por outras pessoas durante a aula.

Considerando que se requer que os professores em pré-serviço completem as experiências de ensino de estudantes antes da graduação, a NEA sugere a inclusão do ensino de estudantes *online* nos programas de educação de professores. Isso envolveria aprendizagem e ensino de conteúdo do curso a cada semana, sob a supervisão e a mentoria de um professor *online* experiente. Além disso, os professores-estudantes poderiam ser envolvidos em quaisquer atividades de desenvolvimento profissional em ensino *online* oferecidas pelo distrito escolar.

Preparação dos administradores

Um dos desafios citados pela NEA (s.d.) no desenvolvimento e realização de aulas *online* do K–12 é a capacidade dos administradores avaliarem os professores *online* da mesma maneira que avaliam aqueles que ensinam nas salas de aula face a face. Muitas vezes, a revisão por pares e a autorrevisão são componentes da avaliação do professor; mas essas avaliações são frequentemente acompanhadas por visitas administrativas às salas de aula, com o propósito de observar e avaliar a *performance* do professor. A NEA afirma: "Os administradores precisam saber como revisar a oferta de cursos *online*, como procurar pelas habilidades dos professores no desenvolvimento de comunidades de alunos e avaliar essas habilidades, como estimular as discussões *online* e as atividades em equipe, como utilizar de forma eficaz as ferramentas de implementação de cursos *online* (como livros de registro de notas e sistemas de matrícula), como criar uma voz e uma presença *online* eficazes, como fornecer *feedback* adequado e frequente para as discussões e postagens de trabalhos dos estudantes, como modificar o conteúdo do curso *online* para atender às necessidades individuais dos estudantes e como selecionar de maneira eficaz e usar ferramentas *online* apropriadas para dar suporte à instrução *online*" (p. 12). Obviamente, as expectativas pelo ensino *online* excelente no K–12 são enormes, e os administradores têm uma tarefa de igual magnitude em termos da avaliação de sua eficácia, considerando, particularmente, que a maioria dos administradores não fizeram ou deram aulas *online*. Os administradores também são requeridos a contratar professores com o treinamento apropriado para o ensino *online*, a estabelecer e apoiar programas de desenvolvimento profissional em seus distritos e escolas, incluindo programas de mentoria, e a tomar decisões em relação à aquisição de tecnologia e ao suporte.

Como resultado, os administradores têm a mesma necessidade de preparação e desenvolvimento profissional para apoiar a sua capacidade de executar essa tarefa. Não apenas eles se beneficiariam de participar ou de dar aulas em um curso *online*, de forma a compreender o que acontece no ensino *online*, mas também se beneficiariam da participação em redes que os educassem sobre as tecnologias em uso e sobre o desenvolvimento de planos de longo prazo para o desenvolvimento e integração de tecnologia. Tais redes existem e, conforme os orçamentos ficam mais apertados, provavelmente serão essenciais para o futuro da educação *online* no K–12.

LIDANDO DE MODO EFICAZ COM OS PROBLEMAS E OS DESAFIOS DO ENSINO *ONLINE* NO K–12

Está claro que, para cobrir a grande (mas interligada) lacuna, uma espécie de abismo digital, entre a educação pré-serviço de professores e a oferta de ensino *online* eficaz no K–12, é preciso que ocorra cooperação e colaboração entre os seus setores e os do ensino superior. Parcerias entre distritos escolares e distritos de faculdades comunitárias, como aquela descrita por Fenton e Watkins (2007), podem ser uma solução, já que não apenas beneficiam ambos os setores, mas os encorajam a avaliar suas práticas de ensino *online*.

Está se tornando cada vez mais crucial que instrutores no ensino superior integrem de maneira eficaz o uso de tecnologia e o ensino *onli-*

ne em sua prática, a fim de atender às necessidades dos nativos digitais que estão se formando no ensino médio – onde as aulas *online* estão se tornando onipresentes – e indo para a faculdade. A fim de completar o ciclo e treinar professores eficazes de volta para o sistema K–12, o ensino *online* deve se tornar uma parte do currículo e das práticas das faculdades de educação. Além disso, considerando que a educação no K–12 é governada pela política estadual, os administradores e os elaboradores de políticas podem ter alguma influência sobre o treinamento de professores e sobre o que é requerido tanto em termos de educação pré-serviço para o ensino quanto de programas permanentes de desenvolvimento profissional. Sua compreensão das necessidades e das demandas do ensino *online*, assim como das competências para esse ensino, também precisam de atenção, de forma que se cubra a lacuna e se forneça o suporte necessário, não apenas financeiro, para ajudar os professores a avançarem em direção à excelência na educação *online*.

PONTOS-CHAVE NO ENSINO *ONLINE* DO K–12

- A demanda por aulas *online* na educação do K–12 está aumentando drasticamente, e, com ela, uma demanda pela preparação de professores e pela excelência para o ensino *online*.
- A lacuna entre o treinamento pré-serviço de professores no ensino superior e a demanda por ensino *online* eficaz na educação do K–12 deve ser resolvida por meio do fornecimento de cursos em escolas de educação que foquem a pedagogia *online*.
- Os programas de ensino de estudantes devem incluir o ensino *online* no ambiente K–12.
- Embora as características de excelência para os professores do K–12 sejam as mesmas, eles têm a responsabilidade de lecionar a matéria de uma forma adequada, sob o ponto de vista desenvolvimental, no nível da série.
- Os programas de desenvolvimento profissional são necessários nos distritos escolares para ajudar a preparar os professores veteranos para o ensino *online* e para fornecer suporte permanente àqueles que estão envolvidos com o ensino *online*.
- Se o ensino *online* para a substituição de notas ou a recuperação de créditos está sendo utilizado em um distrito escolar, os professores necessitam de treinamento adicional para auxiliá-los a

lidar com estudantes que têm problemas de motivação ou habilidades insuficientes.
- Os administradores também necessitam de um treinamento que lhes possibilite compreender melhor as demandas e as competências requeridas pelo ensino *online*, de forma que possam avaliar a eficácia dos professores, planejar programas *online* eficazes e dar suporte a eles.

TORNANDO-SE SEU PRÓPRIO MENTOR

Se você é um professor do K–12 ou um educador de professores, tornar-se hábil no ensino *online* está se tornando um componente crucial de sua carreira no ensino. Consequentemente, é importante aproveitar as oportunidades de desenvolvimento profissional que possibilitarão realizar tal intento. Mais importante, faça aulas *online* para experienciar a educação *online* a partir da perspectiva do estudante, para experienciar modelos de boas práticas *online*, e para desenvolver suas próprias habilidades em pedagogia *online*. A NEA recomenda a participação em um programa de certificação para o ensino *online*, dos quais fornecemos uma lista no Apêndice B, para ajudá-lo a desenvolver as habilidades necessárias para ensinar *online*.

Além disso, há muitos bons *websites* devotados ao desenvolvimento profissional de professores *online*. O mais notável deles é o Tapped In (www.tappedin.org), uma comunidade de desenvolvimento profissional de práticas para os professores do K–12. A PBS e o Discovery Channel também oferecem diversas oportunidades de desenvolvimento profissional para professores por meio de seus *websites*, que incluem recursos que os professores podem usar na distribuição de suas aulas. No Apêndice B, incluímos uma listagem de diversos *websites* para apoiar os professores do K–12 em seu trabalho *online*. Eles são numerosos, e seria impossível incluir todos eles; contudo, essa listagem dará uma amostra do que está disponível e servirá de guia para outros recursos.

PARTE III

Ligando os pontos
desenvolvimento e avaliação de docentes

7

Ligando o treinamento à avaliação de docentes

Assim como faltam bons modelos para o desenvolvimento de docentes *online*, também faltam bons modelos para a avaliação desses docentes. Fink (2008) discute as falhas da prática da avaliação de docentes na maioria das instituições. Ele afirma que o *feedback* dado aos docentes precisa embasar duas necessidades organizacionais importantes: motivá-los e permitir que eles saibam o quão bem estão indo e envolvê-los no desenvolvimento profissional contínuo. Raramente essas duas funções importantes estão vinculadas nos processos de avaliação de docentes. Ele segue descrevendo o que chama de Modelo do Bom Ensino, que inclui quatro dimensões: *design* de experiências de aprendizagem, qualidade das interações estudante–professor, extensão e qualidade da aprendizagem do estudante e os esforços do professor para melhorar ao longo do tempo. Fink ainda afirma que são necessários critérios e padrões de excelência em cada categoria, a fim de utilizar o modelo para avaliar a eficácia do ensino e vincular essa avaliação às necessidades permanentes de desenvolvimento profissional. Visivelmente, essas dimensões do bom ensino aplicam-se igualmente às situações de aprendizagem face a face e *online*, mas, na verdade, pode ser mais fácil avaliar no ambiente *online*, devido à capacidade de ver e capturar todas as interações e resultados no componente *online* do curso. DiStefano e Witt (2010) apontam que "o ambiente *online* fornece documentação extraordinariamente rica de *design* e implementação de cursos" (p. 412).

Utilizando o Modelo do Bom Ensino de Fink como guia, discutimos os princípios da avaliação de docentes conforme eles se aplicam ao ensino *online* excelente nesse capítulo, juntamente com sugestões para a condução de avaliação de docentes, incluindo a revisão por pares. Nós exploramos em profundidade a necessidade de vincular o treinamento à avaliação e sugerimos as melhores maneiras de desenvolver treinamento permanente, baseado em avaliação.

AVALIAÇÃO DE CURSOS *ONLINE* E AVALIAÇÃO DE DOCENTES

Roberts, Irani, Telg e Lundy (2005) observam que a maioria dos cursos nas instituições de ensino superior são avaliados fazendo-se levantamentos sobre as atitudes e reações dos estudantes em relação ao curso no momento de sua conclusão. Nós temos citado com frequência a avaliação de Brookfield (1995) do uso de questionários de estudantes, já que ele afirma que as avaliações tradicionais de cursos raramente medem o que queremos que elas meçam. Ele descreve as avaliações de cursos como "formulários de satisfação", já que geralmente pedem aos estudantes que avaliem o quanto gostaram ou desgostaram do instrutor, e não perguntam quase nada sobre a experiência de aprendizagem em si.

Em uma sala de aula *online* focada no aluno, com um instrutor *online* excelente no comando, as avaliações do curso não devem focar em se os estudantes gostaram ou não do instrutor, mas em se o curso forneceu uma oportunidade de aprendizagem por meio da qualidade da experiência de aprendizagem projetada, da qualidade da interação aluno–instrutor e se apoiou a realização dos objetivos da aprendizagem. Angelo e Cross (1993) sugerem que os instrutores perguntem a si mesmos três questões ao avaliar seus próprios cursos: quais são as habilidades e conhecimentos essenciais que estou tentando ensinar? Como posso saber se os estudantes estão aprendendo tais habilidades e conhecimentos? Como posso ajudar os estudantes a aprender melhor? As respostas a essas questões apontam diretamente para os resultados desenvolvidos para o curso e mostram o quão bem-sucedidas foram as atividades do curso em ajudar os estudantes a alcançá-los.

Arbaugh (2000) sugere que o impacto do Sistema de Gerenciamento de Cursos sendo utilizado afeta a capacidade do instrutor de oferecer uma experiência de aprendizagem *online* de alta qualidade. Ele acredita que há quatro categorias gerais de fatores que influenciam a aprendizagem *online* e que devem, dessa forma, ser incorporadas na avaliação de cursos *online*:

- Utilidade presumida e facilidade do curso
- Flexibilidade para estudantes e instrutores
- Facilidade e ênfase na interação
- Experiências com envolvimento

Então, como a avaliação de cursos se encaixa com a avaliação de docentes, e como ambas se relacionam com o desenvolvimento permanente de docentes para o ensino *online*?

Avaliação de docentes

Pedir que os estudantes reflitam sobre a *performance* do instrutor é apenas uma fonte de material avaliativo e não deve ser o único elemento no qual a avaliação do instrutor é baseada. Dado o número de fatores que influenciam a satisfação do estudante em relação ao curso – a tecnologia em uso, a facilidade de acesso aos materiais, a capacidade de interagir facilmente com os pares e com o instrutor, e assim por diante –, perguntar simplesmente o quão bem o instrutor desempenhou seu papel ou se ele esteve presente e forneceu ajuda com as atividades do curso não proporciona uma base adequada para a avaliação. Williams (2003) sugere que, uma vez que os papéis e competências do instrutor estejam estabelecidos, os instrutores *online* adequadamente treinados e avaliados, e o treinamento tenha acontecido, então a avaliação de docentes pode ser orientada ao quão bem o membro individual do corpo docente dominou aqueles papéis e competências, assim como ao treinamento que ainda se faz necessário. Em nossa própria experiência no treinamento de instrutores *online*, por meio de nosso programa de "Ensino na sala de aula virtual", percebemos que os instrutores *online* acreditam que as habilidades de *design* instrucional e de facilitação de cursos são as mais importantes para a realização bem-sucedida de cursos. É importante lembrar, contudo, que muitos instrutores não escrevem ou fazem o *design* dos cursos que lecionam. É evidente que, nesses casos, o foco da avaliação precisa estar na oferta e na facilitação de cursos, a fim de se atingir resultados bem-sucedidos de aprendizagem. Também temos a forte convicção de que o treinamento em habilidades de facilitação deve vir *antes* do treinamento em *design* de cursos, algo que muitos podem ver como contraintuitivo. Contudo, até que um instrutor novo entenda como um curso deve ser lecionado *online*, como ele será capaz de fazer um *design* de forma eficaz?

Em nosso livro *Assessing the Online Learner* (Avaliando o Aluno Online, 2009), apresentamos a seguinte *checklist* de competências exemplares, derivada de nossa experiência com o ensino *online*, que pode ser utilizada para avaliar a *performance* do instrutor:

Facilitação de cursos

- O instrutor publicou os requisitos do curso, que afirmam claramente a exigência de que os estudantes interajam uns com os outros e com ele; os padrões para a qualidade ou para as expectativas da interação estão estabelecidos; um cronograma de interação é estabelecido, assim como orientações sobre como participar da interação; e os resultados dessas interações são registrados (isto é, os estudantes recebem pontos ou uma nota pela interação).
- O instrutor fez um esforço claro para estabelecer uma comunidade de aprendizagem entre os estudantes do curso, com o uso de apresentações, biografias, atividades quebra-gelo, a criação de um espaço social ou de um café no curso, promoção de comunicação informal, uso apropriado do humor e outros esforços adequados para personalizar e humanizar o curso.
- Exige-se que os estudantes respondam a perguntas de discussão sobre o conteúdo de cada unidade ou apliquem, de alguma forma, o que foi aprendido a todos os objetivos de aprendizagem da unidade. Múltiplos métodos de interação são disponibilizados e utilizados (ou seja, fóruns de discussão, *e-mail*, bate-papo, tecnologia de sala de aula virtual, etc.). O instrutor responde às postagens dos estudantes de forma estratégica, permitindo a ampliação e o aprofundamento da exploração do conteúdo.
- As diretrizes fornecidas pelo instrutor no início do curso explicitam que ele fornecerá: *feedback* de acordo com o prazo previsto; uma descrição clara de como a tarefa de fornecer *feedback* será realizada (como o estudante receberá o *feedback*: *e-mail*, fórum de discussão, etc.); e os tipos específicos de *feedback* que serão

apresentados – por exemplo: *feedback* sobre tarefas, participação nas aulas, etc. O instrutor mantém-se fiel a essas diretrizes.
- As atividades de aprendizagem são desenvolvidas de forma que o suporte à interação do instrutor com o estudante (o instrutor participa da discussão com estudantes via fórum de discussão ou sala de bate-papo virtual), à interação do estudante com o conteúdo (ou seja, respostas a perguntas da discussão em relação ao conteúdo) e à interação de estudante com estudante seja promovido e apoiado, exigido como parte do curso por meio de projetos colaborativos, tarefas de grupo, fóruns de discussão e/ou tarefas via bate-papo virtual.
- A avaliação da aprendizagem de estudantes é estabelecida e concedida em um período de tempo que apoie a aprendizagem do estudante (logo depois das atividades de aprendizagem terem acontecido).
- As avaliações são projetadas de maneira que sejam responsivas às necessidades do aluno individual (isto é, medidas alternativas podem ser tomadas para estudantes com necessidades especiais; as avaliações são projetadas para refletir a população de estudantes e são variadas o suficiente, de modo que atendam às necessidades dos diversos estilos de aprendizagem; as avaliações envolvem a escolha dos estudantes).
- A realização, por parte dos estudantes, dos resultados de aprendizagem estipulados é documentada e fornecida a eles como *feedback* sobre suas atividades e avaliações de aprendizagem; o *feedback* informal, bem como o formal, é fornecido pelo instrutor ao estudante, além de ser encorajado entre estudantes.
- Uma rubrica é usada para todas as atividades passíveis de avaliação, de modo que ilustre como o desempenho será representado e requeira tanto o *input* do estudante como do instrutor.
- O instrutor fornece *feedback* aos estudantes baseado na rubrica, juntamente com comentários pertinentes em relação aos pontos fortes e às áreas que precisam ser melhoradas no trabalho do estudante.
- O instrutor oferece múltiplas oportunidades para que os estudantes ofereçam *feedback* sobre o conteúdo do curso e sobre a tecnologia utilizada, e usa esse *feedback* para fazer ajustes no curso conforme for necessário.

Design de cursos

- Todas as competências são claramente explicitadas e escritas usando-se verbos de ação que promovem habilidades de pensamento de nível elevado e comunicam o que os alunos serão capazes de fazer como resultado da experiência de aprendizagem.
- Todas as competências são observáveis e mensuráveis – o instrutor e o aluno serão capazes de ver um produto e/ou um processo logo após a conclusão da experiência de aprendizagem, sendo a qualidade mensurável.
- Todas as competências representam claramente conhecimentos, habilidades ou atitudes/valores que o aluno usaria na aplicação dos conhecimentos do curso em situações do mundo real.
- O conteúdo, os resultados, a prática e a avaliação do curso são consistentes e a relação entre eles é clara.
- Cada tarefa é alinhada aos objetivos do módulo e do curso, e pode ser mapeada adequadamente.
- Quando aplicável, os resultados são vinculados às competências do programa ou aos padrões profissionais.
- O material é separado em pedaços. Isso significa que ele é apropriadamente dividido em categorias, unidades, lições, etc., e contém as estratégias de aprendizagem que envolvem tanto a memorização quanto a aplicação.
- O *design* de lições ou unidades inclui objetivos claros de aprendizagem, técnicas motivacionais, atividades de aplicação, incluindo perguntas de discussão, e avaliações alinhadas ao material e aos objetivos da unidade.
- Além das expectativas e orientações gerais, cada atividade ou tarefa indica claramente o que os estudantes precisam fazer, como e quando eles devem apresentar os resultados, etc.
- Os métodos de avaliação são projetados a fim de medir o progresso em relação às competências do programa e aos resultados do curso, e há um forte alinhamento entre a avaliação e os resultados.
- Os recursos do curso são atuais e integralmente acessíveis para todos os estudantes. As instruções estão disponíveis no local, instruindo os portadores de necessidades especiais sobre como acessar todos os recursos do curso. (p. 128 a 130)

No Apêndice C, apresentamos esses critérios na forma de uma rubrica que pode ser usada para a avaliação de docentes. Os critérios capturam três das categorias de Fink (2008) – *design* das experiências de aprendizagem, qualidade das interações estudante/professor, extensão e qualidade da aprendizagem do estudante – e podem ser vinculados aos planos individualizados de desenvolvimento de docentes, que têm por finalidade medir os esforços do instrutor para melhorar, ao longo do tempo, por meio de treinamento e outras atividades de desenvolvimento. A tabela a seguir adapta o modelo de Fink e as fontes de informação vinculando-os aos tipos de atividades de desenvolvimento que podem ser usados para a melhoria contínua da *performance*.

Tabela 7.1 Dimensões do ensino vinculadas às atividades de treinamento e de desenvolvimento

Dimensão	Fonte de Informação	Atividades de Treinamento e de Desenvolvimento
Design de cursos	Sistema de Gerenciamento de Cursos (SGC) Programa do curso	Treinamento em *design* eficaz e em uso eficaz de SGC Atividades de preparação e de mentoria Discussões entre pares
Interações professor/estudante	Uso de fóruns de discussão Sala de aula virtual ou sessões de bate-papo *Feedback* para os estudantes	Treinamento em facilitação eficaz Atividades de preparação e mentoria Discussões entre pares
Qualidade da aprendizagem dos estudantes	Artigos e avaliações dos estudantes *Feedback* dos estudantes com relação à experiência do curso	Treinamento em avaliação *online* eficaz Treinamento em desenvolvimento de resultados de aprendizagem e sua vinculação com as avaliações Atividades de preparação e de mentoria Discussões entre pares
Esforços do instrutor para melhorar a prática ao longo do tempo	*Feedback* do estudante em relação às experiências do curso Plano de desenvolvimento	Revisão regular do plano de desenvolvimento Avaliações do mentor Revisões por pares Acréscimo à rede desenvolvimental, ou sua revisão

Manter uma mentalidade de treinamento e desenvolvimento, ao conduzir uma avaliação de docentes, ajuda a sustentar o conceito de Zachary (2000) de uma organização de aprendizagem que integra treinamento, desenvolvimento e mentoria em toda a sua estrutura.

Quem avalia?

Uma outra preocupação em relação à avaliação de docentes é com quem conduz a revisão. Tobin (2004) aponta que muitos administradores chamados para avaliar instrutores *online* nunca lecionaram *online*. Consequentemente, a avaliação tende a ser baseada em critérios que se aplicam à tradicional implementação face a face e tende a avaliar questões equivocadas quando se trata do ensino *online*. O uso de mentoria e de revisão por pares pode ajudar a reduzir, e até mesmo eliminar, essa preocupação.

Em uma abordagem de mentoria e de revisão por pares para avaliação de docentes, após um instrutor principiante ou iniciante receber treinamento em facilitação *online* e *design* de cursos, seria-lhe designado um mentor, que pode ser o membro do corpo docente, iniciado ou mestre que deu o curso e que acompanharia o(s) primeiro(s) curso(s) lecionado(s) pelo novo instrutor. O mentor proporcionaria avaliação formativa da abordagem de ensino, encontrando-se regularmente com o mentoreado a fim de oferecer-lhe *feedback* e apoio. O mentor pode ser solicitado a fornecer um relatório de avaliação ao final do primeiro curso lecionado. Muitas vezes, as instituições que utilizam esse método não incluem revisões por pares como parte da revisão administrativa do instrutor, mas sim como parte do desenvolvimento permanente de docentes, exceto quando a *performance* está sendo questionada. Caso haja preocupações nesse sentido, o acompanhamento e a preparação continuariam até que essas estivessem resolvidas, ou até que fosse determinado que o instrutor não é um candidato adequado para prosseguir no ensino *online*. Essa abordagem também ajuda a desenvolver um quadro de instrutores *online* experientes que podem proporcionar revisão permanente de cursos por pares, bem como se desenvolverem como futuros mentores. A meta torna-se a melhoria contínua da qualidade dos cursos e a eficácia da facilitação, em vez do "monitoramento" da *performance* de docentes.

Revisão por pares

Keig e Waggoner (2004) afirmam, em sua promoção do uso da revisão por pares: "Os pares informados são idealisticamente adequados para a avaliação dos materiais de curso dos colegas e para a avaliação do trabalho acadêmico dos estudantes" (What Assessment Methods Should be Used by Faculty for the Purpose of Instructional Improvement, Quais

Métodos de Avaliação Devem ser Usados pelos Docentes para o Propósito da Melhoria Instrucional, parágrafo 3). Os resultados de um processo de revisão por pares, assim como os resultados de um processo de mentoria, devem incluir oportunidades para que os docentes melhorem sua facilitação de cursos *online*, aprendam como ensinar de maneira mais eficaz, pratiquem novas habilidades e técnicas e obtenham, com regularidade, *feedback* e conselhos de preparação.

Keig e Waggoner recomendam que os resultados da revisão por pares se tornem uma forma de avaliação formativa que seja colocada ao lado das revisões administrativas, sendo considerada como parte do processo de revisão administrativa, mas não a sua totalidade. Eles observam que o foco dessas revisões é desenvolvimental, em vez de deliberatório. As revisões conduzidas para fins de promoção, de compensação e de efetivação raramente contêm elementos que possam ser utilizados para a melhoria do ensino. A meta da revisão por pares, contudo, é simplesmente essa. Conforme mencionado anteriormente, os resultados da revisão por pares são para fins de desenvolvimento profissional e de melhoria da qualidade. Integrar um processo de revisão por pares a um programa de mentoria para o ensino *online* faz sentido, tão simplesmente, e é uma consequência lógica do processo de mentoria.

GERENCIANDO E AVALIANDO DOCENTES A DISTÂNCIA

DiStefano e Witt (2010) afirmam: "Os membros do corpo docente dispersos precisam de uma ampla reconsideração da liderança organizacional e das estratégias administrativas, bem como de um foco significativamente maior em comunicação clara e consistente" (p. 404). Os administradores que trabalham em instituições tradicionais às vezes pensam, erroneamente, que as aulas *online* serão oferecidas unicamente por docentes baseados no *campus* e, devido às preocupações em relação à capacidade de se gerenciar docentes a distância, diversas instituições implementaram políticas nesse sentido. Entretanto, a realidade é que as aulas de aprendizagem *online* a distância frequentemente são dadas por adjuntos a distância, e muitas instituições não tradicionais empregam amplamente docentes a distância em regime de tempo integral e parcial. Para gerenciar um corpo docente formado por uma grande quantidade de professores adjuntos, muitas instituições têm usado uma abordagem com um docente líder, em que um membro do corpo docente central baseado no *campus*, ou que seja empregado em tempo integral pela instituição, mas que também pode estar a distância – é responsável pela supervisão do trabalho dos professores em regime de tempo parcial e dos adjuntos. É provável que o docente líder seja um mestre ou um iniciado que pode ser responsável, também, pelo treinamento dos adjuntos e atuar como mentor deles.

Harrington e Reasons (2005) assinalam os desafios para a avaliação eficaz dos cursos *online* e dos docentes que neles lecionam fazendo as seguintes perguntas:

- Já que os instrutores adjuntos frequentemente ensinam em cursos de educação a distância, qual é a política da instituição em relação às avaliações de docentes que trabalham em regime de tempo parcial? Essa política é a mesma para cursos no *campus* e de educação a distância?
- A educação a distância requer que os instrutores empreguem estratégias de ensino mediadas pela tecnologia, a fim de acabar com a separação que existe entre estudante e instrutor. Os instrutores estão devidamente preparados para ensinar dessa forma?
- Comumente, as avaliações de estudantes figuram no processo de promoção e de efetivação. O diretor acadêmico, ou o chefe do departamento, especificou as expectativas de avaliação e as recompensas para os docentes que ensinam em cursos de educação a distância?
- Os cursos de educação a distância podem ser o produto de um time de profissionais, incluindo *designers* instrucionais, produtores/diretores e especialistas técnicos, trabalhando lado a lado com o corpo docente. A eficácia da tecnologia está sendo avaliada junto com a eficácia do ensino do membro do corpo docente? (p. 7)

A pergunta que adicionamos a essa lista é a seguinte: como esses desafios são levados em consideração nos esforços de desenvolvimento de docentes?

Green, Alejandro e Brown (2009), baseados em um estudo dos fatores que afetam as decisões dos docentes para lecionar *online*, concluíram que todos os docentes, independentemente de seu *status* na instituição, envolvem-se no ensino *online* porque se sentem atraídos pelas condições de trabalho flexíveis que essa forma de ensino proporciona. É provável que isso signifique que mesmo os docentes que trabalham no *campus* e que estão dando aulas *online* passarão mais tempo distantes do *campus* e terão menos contato direto com os administradores. Considerando esse cenário, como os administradores podem gerenciar, treinar e avaliar os docentes a distância de forma eficaz?

Nós defendemos que há três elementos que necessitam ser construídos no programa de aprendizagem a distância *online*, a fim de facilitar o gerenciamento eficaz dos docentes e de reduzir a sua potencial resistência no atendimento das expectativas do programa e da universidade:

- *Comunicação e construção de comunidades.* Como temos afirmado, ser um membro do corpo docente a distância pode ser uma experiência muito solitária. Frequentemente, a comunicação clara é, por essa razão, crucial para a eficácia dos docentes e para o seu gerenciamento. Nós já discutimos a importância de se criar uma comunidade de docentes como parte de qualquer esforço de desenvolvimento do corpo docente. Green, Alejandro e Brown (2009), a partir de sua pesquisa, indicaram que um motivador para os docentes *online* adjuntos foi um sentimento de conexão com a(s) universidade(s) nas quais eles ensinavam. Ao se prestar bastante atenção à comunicação e ao desenvolvimento de um senso de comunidade entre os docentes *online*, aquele sentimento de conexão e lealdade pode ser criado. A conexão com os pares e com os administradores pode ajudar a melhorar a *performance* dos docentes, à medida que as expectativas sejam expressadas e a necessidade de apoio adicional possa ser evidenciada e atendida.

- *Treinamento e mentoria.* Nós já discutimos e estabelecemos a importância da mentoria como um componente integral do processo de treinamento e desenvolvimento de docentes. Um elemento que ainda não discutimos, contudo, é a necessidade de se incorporar políticas e expectativas relacionadas ao ensino *online* e ensiná-las aos docentes. Muitas vezes, os professores adjuntos a distância se veem avaliados em relação a expectativas e políticas das quais eles não sabem nada a respeito. Incorporá-las ao treinamento e reforçá-las por meio do processo de mentoria assegura que não haverá surpresas e aumenta a probabilidade de que as expectativas serão atendidas com quase nenhuma resistência.

- *Suporte aos docentes.* Oomen-Early e Murphy (2008) foram entrevistados a respeito de sua pesquisa sobre obstáculos à participação de docentes na aprendizagem *online*. Um tema que surgiu a partir dessa pesquisa foi a sensação generalizada, entre os docentes, de que falta aos administradores a compreensão do que é preciso para ensinar *online*, em termos de tempo, carga de trabalho e esforço despendido. Eles sugerem algumas soluções para esse problema, incluindo a necessidade de os administradores participarem do treinamento de instrutores *online* oferecido em sua instituição, ensinar em um curso *online*, ou ambos. Eles também sugerem que os administradores permaneçam atualizados em relação à literatura sobre o ensino e a aprendizagem *online*, para se tornarem conhecedores de assuntos como a matrícula adequada em cursos, o desenvolvimento de cursos e a avaliação de docentes *online*. Green, Alejandro e Brown apoiam essa argumentação e observam que a falta de apoio institucional aos esforços de ensino nessa área são desestimulantes para o ensino *online*.

O que concluímos com base em tudo isso é que os docentes estarão motivados a ensinar *online* e a se envolver em esforços de desenvolvimento de docentes para melhorar seu trabalho caso se sintam acolhidos, queridos, necessários e apoiados pela instituição. A avaliação de docentes precisa ser construída sobre um sólido entendimento da aprendizagem *online*, do que é necessário para se ensinar *online*, das competências dos instrutores excelentes nesse ambiente e do impacto da tecnologia sobre o ensino. Os docentes podem ser encorajados a irem do *status* de visitante para o nível de docente mestre com níveis adequados de treinamento, suporte e mentoria. Os administradores precisam de treinamento, bem como necessitam compreender as tarefas envolvidas com a criação de um sólido esforço de desenvolvimento de docentes para o ensino *online* e desenvolver estratégias adequadas para sua avaliação.

PONTOS-CHAVE NA LIGAÇÃO ENTRE O DESENVOLVIMENTO DE DOCENTES E A AVALIAÇÃO

- As expectativas em relação aos docentes que lecionam *online* devem ser claras, incluídas nos programas de treinamento e de mentoria, e avaliadas de forma razoável.
- A avaliação por pares e a avaliação administrativa são funções separadas que trabalham uma ao lado da outra, mas não são o mesmo processo.

- A avaliação de docentes para o ensino *online* deve estar focada em modelos de boas práticas de ensino e estar ligada ao desenvolvimento futuro, com foco na melhoria contínua da qualidade.
- A avaliação deve estar focada nas principais atividades que envolvem o ensino *online* – facilitação e desenvolvimento de cursos.
- A avaliação de docentes não deve ser orientada para a exclusão de professores cuja *performance* possa estar abaixo das expectativas, mas, em vez disso, deve focar o que eles necessitam para melhorar sua prática.
- Os programas de mentoria são uma parte integral da avaliação e do desenvolvimento de docentes e devem ser usados no auxílio à preparação dos docentes para as áreas necessárias.
- O gerenciamento de docentes a distância envolve comunicação clara e consistente, bem como a incorporação de programas de treinamento e de mentoria e forte suporte administrativo.
- Os administradores devem participar no treinamento para o ensino *online*, devem lecionar um curso *online*, ou ambos, a fim de compreender as demandas envolvidas e como os docentes *online* podem ser melhor apoiados.
- Um sentimento de conexão com a instituição, junto com um sentimento de que o trabalho do instrutor *online* é apreciado e compreendido, são fatores-chave na retenção dos docentes *online*.

TORNANDO-SE SEU PRÓPRIO MENTOR

Mesmo que não haja um programa formal de desenvolvimento de docentes em sua instituição, você ainda pode se envolver na revisão por pares dos cursos *online* por meio da rede de pares que você identificou no final do Capítulo 5. Desenvolva um acordo mútuo com eles sobre como vocês se envolverão nessa atividade. O acordo deve incluir os critérios que vocês utilizarão ao revisarem os cursos uns dos outros e como vocês compartilharão e usarão as informações resultantes.

Além disso, você pode se envolver na educação dos administradores da sua instituição em relação às realidades do ensino *online* e começar a discutir a importância de vincular o treinamento à avaliação. Encontre e compartilhe artigos que discutam os vários aspectos do ensino *online* e do desenvolvimento de docentes – a lista das referências bibliográficas deste livro é um bom começo. Se tiver a oportunidade de criar seu próprio plano de desenvolvimento como parte do processo de avaliação em seu departamento, você estará um passo à frente. Por fim, convide os administradores que são responsáveis pela avaliação de sua prática de ensino para "assistir" ao seu curso *online* – estabeleça um horário para guiá-los pelos vários aspectos do(s) curso(s) que você está lecionando e explique o que você está fazendo *online*. Esse tipo de educação para administradores tem um valor inestimável e ajuda a exemplificar para eles o que envolve o bom desenvolvimento e implementação de cursos.

8

Melhores práticas no desenvolvimento de docentes *online* excelentes

Um levantamento conduzido por Allen e Seaman (2007) revelou que mais de dois terços das instituições de ensino superior nos Estados Unidos estão oferecendo alguma forma de educação *online*. Além disso, 69% das universidades, tradicionais e não tradicionais, acreditam que a demanda de estudantes por cursos *online* continuará a crescer. Até o ano de 2007, 83% das instituições que já ofereciam cursos *online* esperavam que as matrículas para esses cursos continuariam a aumentar. Com base nesse nível de demanda, fica claro que a necessidade de docentes experientes para dar aulas é enorme, e que as instituições precisam desenvolver planos para recrutamento, contratação, treinamento, desenvolvimento e suporte de docentes *online* (Green, Alejandro e Brown, 2009).

O capítulo final deste livro trata dessa necessidade de reunir o que consideramos ser as melhores práticas no desenvolvimento de docentes *online*. Para tanto, trataremos primeiro dos desenvolvedores de docentes e daqueles professores encarregados da facilitação do desenvolvimento de docentes em seus *campi*, em seguida dos docentes responsáveis pelo seu próprio desenvolvimento e, por fim, dos administradores responsáveis pela educação a distância *online* das suas faculdades e universidades. Embora muitas dessas práticas se sobreponham, cada grupo possui necessidades particulares que compõem aquilo a que Hagner (2001) refere-se como os "sistemas ótimos", os quais são constituídos por um "pacote abrangente e integrado de serviços de suporte e de práticas de envolvimento" (p. 31). Nós defendemos que é por meio de uma abordagem abrangente de sistemas que o instrutor *online* excelente surgirá.

MELHORES PRÁTICAS PARA OS DESENVOLVEDORES DE DOCENTES E PARA OS PROFESSORES ENCARREGADOS DO DESENVOLVIMENTO DE DOCENTES

Certamente, os desenvolvedores de docentes e aqueles que têm como tarefa coordenar esse esforço no *campus* precisam de apoio significativo de suas instituições para executar o trabalho de treinar e desenvolver docentes para o ensino *online*. Trataremos das preocupações com o apoio institucional mais adiante neste capítulo. Contudo, para além do foco na instituição, Green, Alejandro e Brown (2009) sugerem que aqueles que conduzem o desenvolvimento de docentes devem focar seus esforços em três áreas principais: o treinamento para instrutores em todos os níveis de experiência, a assistência ao desenvolvimento de cursos e a mentoria. Nós adicionamos uma quarta dimensão a essa lista, que é o ajuste do treinamento para o atendimento das necessidades dos docentes. A seguir, veremos as formas como cada uma dessas áreas pode ser abordada.

Ajustando o treinamento para atender às necessidades dos docentes

Para começar qualquer esforço de treinamento em ensino *online*, dois tipos de levantamentos devem ser feitos. O primeiro deve determinar o nível de experiência que cada membro do corpo docente tem em relação ao ensino *online*, incluindo os tipos de tecnologia que usam regularmente. Uma vez que a determinação dos níveis de experiência dos docentes esteja estabelecida, o segundo levantamento pode então ser implantado; esse levantamento deve focar as tecnologias sobre as quais os docentes gostariam de conhecer mais e os tópicos da esfera do ensino *online* que seriam mais úteis para eles. Os resultados desses levantamentos ajudarão na construção de um programa de treinamento que trate mais de perto as necessidades percebidas e que, provavelmente, atraia mais a frequência e a participação dos docentes. Mais recentemente, instituições que conduziram tais levantamentos, e que foram solicitadas a fornecer experiências de treinamento aos docentes acerca dessas necessidades, têm nos contatado. Os tópicos que elas solicitam que apresentemos incluem: como maximizar o uso de um fórum de discussão, melhores práticas em *design* instrucional, como maximizar o ambiente híbrido, como fazer melhor a transição para o ensino *online* e outros semelhantes.

Treinamento para instrutores em todos os níveis de experiência

Como já discutimos extensamente neste livro, determinar os níveis de experiência dos docentes e então desenvolver e implementar treinamento direcionado a esses níveis é crucial para o desenvolvimento bem-sucedido de docentes *online*. O fornecimento desse tipo de treinamento promove a satisfação dos docentes com o processo de ensino *online* e resulta em experiências *online* melhor desenvolvidas e mais bem-sucedidas para os estudantes. Vignare (2009) observa que a satisfação dos docentes está ligada a dois elementos – a escolha e a preparação. Se os docentes forem forçados a entrar no ambiente *online*, é menos provável que eles se envolvam por completo ou que façam um *design* de experiências de aprendizagem que se encaixe bem ao ambiente *online*, enquanto os docentes que escolhem lecionar *online*, e que recebem tempo, treinamento e apoio suficientes para fazê-lo, estão mais satisfeitos com o resultado e simplesmente fazem um trabalho melhor ao ensinarem em ambiente digital. Nunca é demais salientar que o treinamento funciona e é importante para o desenvolvimento de instrutores *online* excelentes.

As melhores práticas no treinamento de docentes também incluem o uso de treinamento *online*; os instrutores que experienciam como é ser um estudante nesse meio são mais sensíveis às necessidades dos estudantes em termos de cargas razoáveis de estudo, necessidades de *feedback* e interação, e uma experiência de aprendizagem robusta e envolvente. A seguir, apresentamos alguns *feedbacks* anônimos que foram recebidos ao final de um treinamento de docentes realizado *online*:

> Eu achei que o curso foi uma experiência *online* intensiva, à medida que minha carga usual de trabalho foi aumentando. Eu me vi trabalhando além das horas habituais da jornada semanal normal, digerindo informações e respondendo ao conteúdo acadêmico e ao contato pessoal enquanto tentava participar do curso para aprender com meus colegas. Eu fui capaz de vivenciar, em primeira mão, uma possível experiência *online* em nosso novo programa de educação *online* na faculdade e, embora lentamente, extrapolar para o meu local de trabalho em constante mudança algumas das questões levantadas nas postagens.

> Ao participar de um comitê da faculdade envolvendo docentes e administradores afeitos à educação *online*, eu percebi que ele poderia oferecer uma perspectiva de estudante sobre o programa de educação *online* da instituição. Pessoalmente, eu estava empolgado e contente em aprender algumas habilidades técnicas novas. Vi-me nutrindo um respeito renovado por esses estudantes, enquanto trabalham comigo e eu tento interpretar os requisitos, as regras [e] a cultura desse novo meio com eles.

Gostei bastante da minha experiência com esse curso *online*. Embora não estivesse apto a participar muito dos tópicos de discussão nas últimas duas semanas, aprendi com essa experiência. Como trabalho com estudantes que estão fazendo ou planejando fazer aulas *online*, eu estarei melhor capacitado para aconselhá-los [em relação ao] tempo de dedicação, à forte automotivação, a expectativas realistas, etc. Embora tenha aprendido com a experiência sem necessariamente entrar em todas as discussões, eu não estou sendo avaliado. :-) Os estudantes precisam se preocupar com o que se espera deles em termos de participação. Foi agradável aprender a respeito desse novo ambiente de aprendizagem! Impactante. Desconcertante. No entanto, esclarecedor. Eu acho que aprendi que aquilo que, às vezes, pode parecer uma experiência bem-estruturada para mim pode não sê-lo na perspectiva dos meus estudantes. Em última análise, eles precisam organizar, em grupo, seu ambiente da forma que faça mais sentido para eles.

Eu aprendi que a aprendizagem *online* toma bastante tempo, mas gosto de escrever e de ler os textos de outras pessoas. [...] Aprendi como um novo estudante *online* pode se sentir ansioso sobre onde e como postar as tarefas.

Eu me dei conta de que, se os estudantes estão frustrados no começo da aula, isso pode afetar a sua *performance* nela. [...] Também aprendi o quão importante é para os professores *online* encontrar outros professores na área para compartilhar suas experiências de ensino, e a necessidade que temos de encontrar, explorar, atualizar e fazer pesquisas nesse campo.

As reflexões desses instrutores indicam que uma aprendizagem significativa resultou de suas experiências como estudantes *online*. É provável que essa experiência ajude-os no desenvolvimento e na facilitação de cursos que sejam mais responsivos às necessidades dos alunos. Eles viram como são as coisas "do outro lado" da aprendizagem *online*. Essa aprendizagem é inestimável – algo difícil de ser transmitido em um treinamento face a face.

Assistência com o desenvolvimento de cursos

O ensino *online* é diferente do ensino face a face. Embora todos os nossos colegas que escrevem e apresentam trabalhos sobre ensino *online* ecoem esse sentimento, há ainda uma crença predominante de que tudo que um instrutor precisa é levar o que foi feito na sala de aula face a face para a sala de aula *online*, com pouca ou nenhuma modificação. Mesmo os docentes mais experientes nas salas de aula face a face, contudo, poderiam não saber como construir cursos *online* interativos. Os atuais aplicativos de gerenciamento de cursos tornam fácil para os docentes simplesmente transferirem o material para um *site* do curso. A atração que isso exerce é complicada pelo fato de que as instituições, que podem ver a aprendizagem *online* a distância como seu salva-vidas durante uma época de matrículas declinante em cursos presenciais, estão agora inscrevendo números tão grandes de estudantes em aulas *online* que o fardo sobre os docentes é enorme. Como consequência disso, as instituições estão contratando cada vez mais docentes apenas para atuarem como facilitadores, e deixam a responsabilidade do desenvolvimento do curso para uma equipe que pode, ou não, incluir o membro do corpo docente que dará o curso. Facilitar um curso desenvolvido por uma equipe não é necessariamente algo ruim. Twigg (2003) recomenda o desenvolvimento de cursos mestres que sejam projetados por um *expert* na matéria, em conjunto com *designers* e tecnólogos instrucionais, e que podem ser dados por qualquer membro do corpo docente que seja professor da disciplina, o que ajuda a criar programas escaláveis que podem acomodar um grande números de estudantes ao longo de múltiplas seções.

Ademais, a assistência de *designers* e tecnólogos instrucionais pode ajudar a afastar os docentes do desejo de oferecer um curso utilizando aulas expositivas como o principal meio de instrução. Quando apresentados aos princípios do *design* instrucional que promovem a didática interativa apropriada para o ensino *online*, os docentes frequentemente perguntarão: "Onde está a aula expositiva?". Uma resposta apropriada para essa pergunta é apresentada por Lytle, Lytle, Lenhart e Skrotsky (1999), que afirmam: "As aulas expositivas são importantes e, certamente, numerosas no ensino superior, mas não são necessariamente mais valiosas no processo de aprendizagem do qualquer outra ferramenta de aprendizagem" (p. 58). Infelizmente, as tecnologias mais novas tornaram o uso de aulas expositivas *online* mais fácil – um *software* que captura esse tipo de aula permite que um instrutor grave a aula, em áudio ou vídeo, de modo que possa ser facilmente inserida nos cursos *online*. Mas isso representa as melhores práticas em *design* de cursos *online*? Devem ser incorporadas no treinamento e no desenvolvimento de docentes, portanto, maneiras concretas por meio das quais o conteúdo possa ser apresentado sem o uso de aulas expositivas. Algumas das técnicas podem incluir o seguinte:

- Criação de páginas *web* que contenham não mais do que uma tela de textos e gráficos.

- Tarefas colaborativas em grupos pequenos, como as tarefas "quebra-cabeças", em que os estudantes contribuem com pedaços e, assim, compõem o todo de um tópico ou problema.
- Tarefas de pesquisa que pedem aos estudantes que procurem e apresentem recursos adicionais disponíveis na internet e em livros e revistas.
- Simulações que imitem aplicações do material discutido em situações reais de trabalho, como solicitar a um grupo que forme uma equipe de trabalho a fim de desenvolver uma proposta sobre um determinado tópico, a ser apresentada a uma companhia fictícia.
- Pedir aos estudantes que se tornem *experts* em um tópico dentro do escopo do curso e, então, apresentem esse tópico para seus pares.
- Discussão assíncrona dos tópicos dentro do escopo do material do curso que está em estudo.
- Discussões abertas nas quais um grupo de estudantes apresenta e discute um tópico, enquanto os outros estudantes observam, registram, refletem e comentam sobre suas reflexões ao final da discussão.
- Artigos postados no *site* do curso e revisados por pares.
- Uso limitado de clipes de áudio e vídeo.
- WebQuests, que são jogos de caça ao tesouro baseados na internet e que requerem que os estudantes encontrem fragmentos de informações relacionadas ao tópico.
- Uso de tecnologias *Web2*, como *wikis* (páginas *web* criadas colaborativamente) e *blogs* (*logs* ou diários *web*) para encorajar a conclusão das tarefas de forma colaborativa. (Palloff e Pratt, 2007)

O importante é encorajar e apoiar os docentes para que pensem além dos parâmetros convencionais, em termos do desenvolvimento de formas criativas para apresentarem os conteúdos do curso e para avaliarem a *performance* dos estudantes, tendo em mente a tecnologia a que eles provavelmente terão acesso.

Mentoria

Green, Alejandro e Brown (2009) apoiam nosso modelo de mentoria para o ensino *online* sugerindo que as instituições implementem um processo no qual os docentes veteranos (ou o que chamamos de docentes iniciados ou mestres) sirvam como mentores, fornecendo orientação e apoio para toda e qualquer quantidade de questões importantes para a educação *online*. Inclusa nesse processo está a revisão por pares, por meio da qual o mentor observa ou acompanha o instrutor *online* mais novo para fornecer-lhe *feedback* e sugestões para a melhoria contínua da qualidade. Visto que os desenvolvedores não podem ser tudo para todos os docentes, a inclusão de docentes mais experientes no processo de treinamento incorpora uma gama mais ampla de ideias, ao passo que ajuda a estimular um senso de comunidade entre todos os docentes que estão ensinando *online* em uma instituição e em mais de uma delas. Compartilhar melhores práticas em mentoria e em construção de comunidades com outras instituições não apenas põe abaixo potenciais barreiras competitivas, mas também ajuda a elevar o nível da prática em toda a disciplina do ensino *online*. Isso também abre portas para a pesquisa adicional e para um reconhecimento de que o ensino *online* é, de fato, uma disciplina em si mesma.

MELHORES PRÁTICAS PARA OS DOCENTES ENVOLVIDOS COM O SEU PRÓPRIO DESENVOLVIMENTO

Seja o treinamento formal de docentes oferecido ou não em uma instituição, o autodesenvolvimento é um componente importante do movimento em direção à excelência no ensino *online* e pode ser alcançado de inúmeras maneiras. Nós oferecemos sugestões para isso na conclusão de cada capítulo deste livro (seção intitulada "Tornando-se seu próprio mentor"). As recomendações para o autodesenvolvimento se enquadram em duas categorias principais – a autoavaliação e o desenvolvimento de um plano de treinamento.

Autoavaliação

Para assumirem a responsabilidade por sua própria aprendizagem, os docentes devem avaliar regularmente suas necessidades de treinamento e como melhor atendê-las. Esse processo inclui a determinação da fase de desenvolvimento em que eles se encontram, as necessidades gerais para aquela fase e as suas próprias necessidades específicas. A autoavaliação para os docentes visitantes e principiantes deve começar com uma determinação do grau de preparação para o ensino *online*, enquanto os docentes iniciantes, iniciados e mestres podem buscar o treinamento que os ajudará a seguir adiante, aprofundando sua habilidade no ensino *online*. Uma forma de se começar é fazer um inventário dos tipos de tecnologia que o instrutor já está usando, incluindo *e-mail*, programas de processamento de textos e programas de apresentação, como o PowerPoint. O quão frequentemente essas tecnologias estão sendo utilizadas, e o quão confortável o instrutor se sente ao utilizá-las? É necessário mais treinamento no uso de tecnologias básicas para se começar?

Uma vez que uma avaliação das necessidades tenha sido realizada, os docentes podem então buscar recursos, no *campus*, em conferências ou *online*, que tratem do desenvolvimento de habilidades específicas para suas disciplinas ou para o ensino em geral. A reavaliação regular é crucial para o movimento em direção à excelência – mudança de tecnologias, mudança de abordagens de ensino e mudança de estudantes. Os instrutores devem ser capazes de ficar a par dessas mudanças para serem eficazes. O foco, contudo, deve permanecer na aquisição de habilidades que servirão aos resultados de aprendizagem dos estudantes – associar o treinamento ao ensino é crucial, mesmo quando o instrutor está buscando seus próprios recursos.

Desenvolvimento de um plano de treinamento

Independentemente do treinamento e do desenvolvimento de docentes estarem ou não disponíveis no *campus* ou por meio da instituição da qual o membro do corpo docente faz parte, cada instrutor deve desenvolver um plano de treinamento que incorpore as necessidades abordadas na autoavaliação, bem como quaisquer interesses na área de ensino com tecnologia. Por exemplo, o instrutor está interessado em ensinar no Second Life? Há um interesse em incorporar as tecnologias *Web* 2.0, tais como *blogs* e *wikis*, em um curso? Que outras tecnologias ajudariam no cumprimento dos objetivos de aprendizagem do curso e que exigiriam exploração e treinamento? Uma vez determinadas as necessidades e os interesses, as abordagens de treinamento e os cursos que abordam as necessidades e interesses podem ser identificados, e aquelas pessoas que podem ser úteis no processo podem ser contatadas. Tudo isso pode ser integrado em um plano de treinamento flexível que muda conforme as necessidades e os interesses mudam. Veja no Apêndice A um exemplo desse tipo de plano, além de um modelo para o mesmo.

Um componente importante em um plano de treinamento é a criação de uma rede desenvolvimental, que inclua pares e colegas que possam ajudar com certos tipos de desenvolvimento de habilidades ou, simplesmente, estar disponíveis para consultas. Além disso, as redes informais de docentes que trabalham para desenvolver cursos *online* podem se reunir para compartilhar preocupações e progressos, e oferecer apoio umas às outras. As abordagens colaborativas para o autodesenvolvimento também resultam no surgimento e na manutenção de uma comunidade de aprendizagem formada por docentes que é particularmente importante para os docentes adjuntos ou para aqueles que ensinam a distância. Isso serve não apenas para dar suporte à habilidade e à prática no ensino *online*, mas também para reduzir o isolamento que frequentemente ocorre ao se ensinar *online*, uma vez que é mantida uma conexão com a instituição.

Um programa formal ou informal de mentoria também é um componente importante do plano de treinamento. Os programas de mentoria podem ser geridos pelas instituições utilizando docentes que estão no nível iniciado ou mestre de ensino *online*, ou podem ser informais, surgindo de redes desenvolvimentais ou daqueles identificados pelo membro individual do corpo docente como detentores de habilidades que seriam úteis para seu desenvolvimento no ensino *online*.

Os componentes de um plano de treinamento, então, devem incluir minimamente:

- Identificação de necessidades e interesses.
- Determinação de quais indivíduos, grupos, cursos ou programas de treinamento podem atender àquelas necessidades.
- Criação de uma rede desenvolvimental para tratar das necessidades individualizadas.
- Redes informais de docentes envolvidos no ensino *online*.
- Mentoria formal ou informal.

O mais importante é desenvolver o plano, avaliando-o regularmente e modificando-o conforme necessário. Empoderando-se os docentes para assumirem a responsabilidade por suas necessidades de treinamento e desenvolvendo-se um plano que seja flexível e voltado à melhoria contínua da qualidade, a excelência pode ser atingida, mesmo se nenhum treinamento formal for proporcionado no *campus*.

MELHORES PRÁTICAS PARA AS INSTITUIÇÕES

O bom planejamento de programas *online*, incluindo o modo como as ofertas *online* se adequam ao currículo e às necessidades concomitantes dos docentes, é crucial para o sucesso. Green, Alejandro e Brown (2009) fornecem conselhos às instituições para o desenvolvimento e o suporte de docentes *online*. Suas sugestões envolvem o fornecimento de uma compensação justa para o ensino *online*, levando-se em conta, particularmente, o aumento da carga de trabalho envolvido no desenvolvimento e na implementação do curso. Considerando que os docentes adjuntos trabalham frequentemente para diversas instituições, eles recomendam a emissão de contratos de múltiplos semestres ou anos para esses profissionais, para ajudar a desenvolver a lealdade à instituição. Por fim, recomendam que as instituições avaliem onde o ensino de cursos *online* se situa quanto à estabilidade docente e à progressão de carreira, algo que é, frequentemente, uma questão para muitas instituições.

Como essas práticas sugeridas se relacionam ao desenvolvimento de docentes *online* excelentes? Ao prestarem atenção a essas questões importantes, as instituições deixam claro que valorizam os docentes que ensinam *online*, valorizam o impacto dos cursos *online* no currículo e valorizam as funções do treinamento e do suporte, já que esses parecem ser os fatores motivadores para os docentes que ensinam *online*.

Contudo, prestar atenção a essas questões também significa orçá-las. Um levantamento em relação às necessidades de desenvolvimento de docentes conduzido pela Universidade Estadual da Pensilvânia (Taylor e McQuiggan, 2008), revelou que os modos de aprendizagem preferidos por seus docentes favoreceram, predominantemente, as abordagens individuais com um mentor ou colega, um *designer* instrucional ou um técnico administrativo, em detrimento das sessões face a face no *campus*. Os recursos *online*, incluindo material de referência postado *online*, módulos de treinamento autônomos e módulos de treinamento orientados por um instrutor, tiveram melhores resultados do que as sessões face a face. Os docentes preferiram as formas de desenvolvimento autodirigidas, mais informais ou autônomas, aos eventos formais. Outra constatação interessante foi que os docentes não valorizaram recompensas extrínsecas para o desenvolvimento e o ensino de cursos *online*, como o horário de liberação ou as recompensas sob a forma de pagamentos adicionais ou certificados. Em vez disso, o que eles dizem que os motivaria a desenvolver cursos *online* e a ensinar *online* seria a disponibilidade do treinamento, juntamente com recursos e apoio individualizado. Embora esse seja um único estudo em um único *campus*, esses achados apoiam nossas observações em relação aos docentes que lecionam *online*, por que eles o fazem e o que os encorajaria a continuar. O planejamento e o orçamento, então, precisam utilizar essa informação, e os recursos para o desenvolvimento de docentes para o ensino *online* precisam ser mais responsivos àquilo que esses profissionais querem e precisam – talvez menos ênfase possa ser colocada em eventos de treinamento grandes e formais e, em vez disso, mais foco na contratação de pessoal de apoio. Os autores do estudo da Universidade Estadual da Pensilvânia concluíram que as necessidades de desenvolvimento profissional dos docentes *online* são um alvo em movimento – é provável que mudem à medida que nosso conhecimento do ensino *online* cresça e a tecnologia mude. Contudo, uma coisa é certa: é provável que o fornecimento de suporte para os docentes os mantenha envolvidos com o ensino *online* e os leve em direção à excelência.

Hagner (2001) assinala que o desenvolvimento de uma cultura institucional que abranja a tecnologia e o ensino *online* é dependente de três determinantes críticas: liderança, inclusão e comunicação. Ele descreve a liderança necessária como a "liderança corajosa" (p. 31), que é a disposição de se esforçar por um consenso, investindo tempo, recursos e apoio voltados à superação dos desafios de se seguir na direção de um aumento da presença *online* da instituição. Um sentimento de inclusão, como temos discutido, é crucial para o sucesso de qualquer empreendimento *online* – os docentes precisam sentir que são valorizados e que suas vozes são ouvidas no plano de desenvolvimento do ensino e da aprendizagem *online*. Vozes que também devem ser incluídas no processo são as dos estudantes e dos funcionários – uma abordagem de sistemas inclui todos os que estão criando, apoiando e recebendo cursos e programas *online*. Tão importante quanto a inclusão é o elemento da comunicação – sobre o próprio programa *online*, as políticas e procedimentos, as mudanças na política, os desafios e os sucessos. A inclusão e a comunicação são elementos importantes de comunidade, e a criação de comunidade deve ser um valor que sustenta esse esforço.

UM "SISTEMA ÓTIMO" PARA O DESENVOLVIMENTO DE INSTRUTORES *ONLINE* EXCELENTES

Quando os docentes recebem bom treinamento e apoio para o ensino e a aprendizagem *online*, o resultado provável é o entusiasmo com as novas formas em que a tecnologia pode impactar o ensino e a aprendizagem. Há um entusiasmo em relação ao cumprimento dos objetivos da aprendizagem de maneira profunda e significativa. Quando os cursos são projetados e realizados tendo-se em mente a interatividade, uma mudança ocorre, à medida que os alunos se tornam mais empoderados e descobrem que a aprendizagem em um curso *online* advém de outros estudantes, e não somente da interação com o instrutor. As formas como os estudantes podem colaborar uns com os outros são construídas dentro dos cursos, e meios mais autênticos de avaliação da sua *performance* dos estudantes acompanham essas atividades. A autorreflexão e o pensamento crítico tornam-se componentes importantes da avaliação. Na verdade, quando os cursos vão bem, o instrutor frequentemente aprende tanto com os seus estudantes sobre o ensino *online* quanto estes aprendem com ele sobre o conteúdo. A reflexão de um de nossos estudantes ao final de um curso *online* demonstra essa mudança:

> Eu quero aproveitar mais uma oportunidade para agradecer a cada um de vocês por sua participação nesse curso. Lembro de quando eu entrei no programa... [os outros estudantes] falavam sobre a importância que seus colegas tiveram em seu sucesso no programa. Eu não fazia ideia do significado dessas afirmações, ou do quanto elas eram verdadeiras, até que eu mesmo tive essa experiência. Obrigado a todos vocês por essa tremenda contribuição para o meu desenvolvimento.

Esse é o tipo de reflexão que esperamos ver ao final de um curso. Isso nos dá uma indicação de que o planejamento e a realização do curso foi eficaz, não apenas no cumprimento dos objetivos de aprendizagem, mas também na condução dos estudantes em direção do que consideramos ser a aprendizagem real – a cocriação de sentido e conhecimento.

É uma abordagem de sistemas ao desenvolvimento de docentes *online* que leva os docentes à excelência e resulta em *feedback* positivo de estudantes sobre as suas experiências com o curso *online*. De acordo com Hagner (2001), os sistemas ótimos para o desenvolvimento de docentes *online* são os "pacotes integrados e abrangentes de serviços de suporte e de práticas de envolvimento" (p. 31). Quando as melhores práticas nas áreas de desenvolvimento de docentes, autodesenvolvimento e suporte institucional são integradas em um sistema abrangente, a sua sobreposição acarreta os resultados que esperamos ver partindo desses esforços – comunidade, melhoria contínua da qualidade, liderança de docentes, suporte e excelência global do programa *online*. A Figura 8.1 ilustra o "sistema ótimo" que vislumbramos.

```
                    ┌─────────────────┐
                    │ Desenvolvimento │
                    │   de docentes   │
                    └─────────────────┘
                       ↙           ↖
                 • Comunidade de docentes
                 • Foco na excelência
                 • Foco no treinamento permanente
                 • Processo de planejamento inclu-
                   sivo
                 • Suporte
                 • Satisfação e *performance* de es-
                   tudantes
    ┌──────────────────┐               ┌──────────────────┐
    │ Autodesenvolvimento │  ←──────→  │ Suporte institucional │
    └──────────────────┘               └──────────────────┘
```

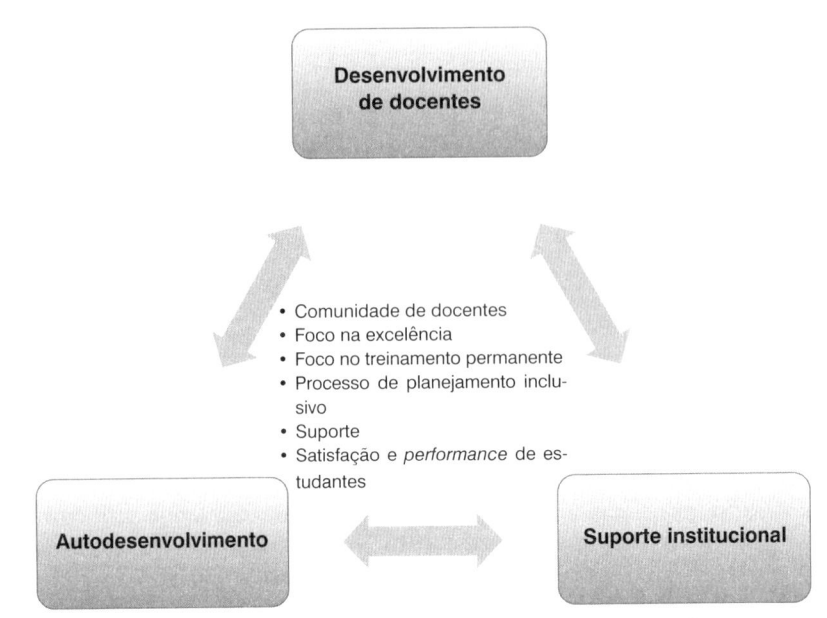

Figura 8.1 Sistema ótimo para o desenvolvimento de docentes *online*.

Quando os instrutores e os estudantes são capazes de colher os benefícios de um curso ou programa *online* bem projetado, o resultado final é o entusiasmo com as possibilidades na esfera *online* e com as relações desenvolvidas entre instrutor e estudante, entre estudantes, entre docentes e entre as instituições. O entusiasmo resultante em relação aos auxílios à aprendizagem estimula novas abordagens criativas para o ensino *online* e demonstra que pode haver, e na verdade há, um instrutor *online* excelente.

Recursos para desenvolvedores de docentes, docentes e administradores

Enquanto planejávamos e escrevíamos este livro, ficou claro para nós que estamos nos dirigindo a três públicos, às vezes distintos – aqueles envolvidos em atividades de desenvolvimento de docentes que podem ser, eles próprios, membros do corpo docente; docentes que estão buscando recursos para seu próprio treinamento e desenvolvimento; e administradores encarregados de gerir programas *online* de aprendizagem a distância e de avaliar os docentes que ensinam nesses programas. Dadas as diferentes necessidades de cada grupo, incluímos recursos para dar suporte ao trabalho de cada um deles.

O Apêndice A é dirigido aos desenvolvedores de docentes e aos docentes que estão coordenando atividades de desenvolvimento de docentes no *campus*. É provável que os docentes que estejam envolvidos com seu próprio treinamento e desenvolvimento também se beneficiem dos recursos contidos nesse apêndice. O Apêndice B é uma listagem de recursos para apoiar os docentes em diversas áreas: comunidades de prática, treinamento *online*, conferências *online* e publicações *online*. O Apêndice C é direcionado a administradores e contém recursos para apoiar seu trabalho na área da avaliação de docentes.

Alguns dos recursos que apresentamos foram feitos a partir de nosso próprio *design*. Outros recursos nos foram cedidos por colegas ou são adaptações do trabalho de outros autores. Nós reconhecemos os méritos daqueles que contribuíram para a nossa aprendizagem permanente, e somos gratos a eles pelo trabalho que estão realizando em prol da disciplina de ensino *online* e dos estudantes.

Apêndice A

Recursos para desenvolvedores de docentes e para aqueles que estão encarregados de desenvolvimento de docentes

Neste apêndice, estão os recursos para apoiar o trabalho dos desenvolvedores de docentes ou daqueles que têm a tarefa de coordenar os esforços de desenvolvimento desses profissionais em seus *campi*. Os recursos incluem:
- Plano de treinamento de docentes.
- Amostra de programa de treinamento para um treinamento *online* básico voltado aos docentes principiantes e iniciantes.
- Amostra de súmula de treinamento para um treinamento avançado de duas partes.

PLANO DE TREINAMENTO INDIVIDUAL DE DOCENTES

Uma avaliação do grau de preparação dos docentes para o ensino *online* pode ser encontrada no Apêndice B. Essa avaliação também pode ser usada por desenvolvedores de docentes para lhes permitir o desenvolvimento de um treinamento que corresponda ao nível de desenvolvimento individual do docente. Os gráficos a seguir podem ser usados para ajudar os docentes a determinar suas necessidades individuais de treinamento e quem eles acreditam que podem ajudá-los a atender às suas necessidades na forma de uma rede desenvolvimental. As amostras fornecidas destinam-se a um membro do corpo docente que esteja interessado em ensinar *online* e que necessite desenvolver habilidades básicas. Baseando-se nesse plano, pode-se considerar que o instrutor principiante mostrou maior necessidade de habilidades de ensino *online*, seguidas pelas habilidades técnicas. O gerenciamento do tempo e a atitude desse instrutor em relação ao ensino *online* são seus pontos fortes. Isso não significa que esses pontos não devam receber atenção no plano de treinamento, mas eles não precisarão ser tão enfatizados.

Categoria	Nível de habilidade (baseado em autoavaliação)	Áreas de necessidade	Plano para atender às necessidades de treinamento
Habilidades	28 – Possui habilidades básicas com computadores e processadores de textos	Habilidades em SGC Facilitação de discussão Uso de *software* de sala de aula virtual	Participação em seis semanas de treinamento *online* voltado para o ensino *online*, incluindo o uso de SGC, habilidades de facilitação e o uso de Elluminate*
Experiência do ensino *online*	8 – Não possui experiência *online*	Experienciar um ambiente *online* a partir da perspectiva do estudante e do professor	A participação em treinamento *online* deve abordar essa necessidade O treinamento deve incluir a capacidade de se oferecer lições a partir do papel do instrutor O acompanhamento do suporte de mentoria será necessário
Atitude em relação ao ensino *online*	27 – É aberto à experiência de ensino *online*, mas precisará de ajuda para lecionar	Meios de instrução além de palestras Facilitação de discussão *Design* e realização de atividades colaborativas	Treinamento *online* no início, seguido pelo suporte da mentoria O mentor deve acompanhar a primeira aula *online* para fornecer *feedback*
Gerenciamento e tempo de dedicação	27 – Ponto forte	Sem necessidades reais nessa área Continuar a apoiar a manutenção da abordagem do bom gerenciamento de tempo	Suporte do mentor

Escore total = 90 pontos.

Esse instrutor está sobre a linha que separa um instrutor principiante de um aprendiz. Seus pontos fortes são a abertura em relação ao ensino *online* e às habilidades de gerenciamento de tempo. Esse instrutor precisará de suporte significativo no desenvolvimento de habilidades técnicas e de habilidades pedagógicas para o ensino *online*.

[*Nota*: Consulte o Capítulo 2 deste livro para mais sugestões específicas de treinamento para cada fase do desenvolvimento de instrutores.]

---

* N. de R.T.: *Elluminate* é um sistema para conferências *online* bastante utilizado em educação *online* e reuniões na *web*. Inclui recursos para interação por voz, vídeo, texto (*chat*), imagens e *slides*, anotações gráfica (*whiteboard*), pesquisas instantâneas, etc.

REDE DESENVOLVIMENTAL PARA DOCENTES PRINCIPIANTES

A seguir, apresentamos uma rede desenvolvimental para o membro principiante do corpo docente cujas necessidades foram descritas anteriormente, no plano de treinamento.

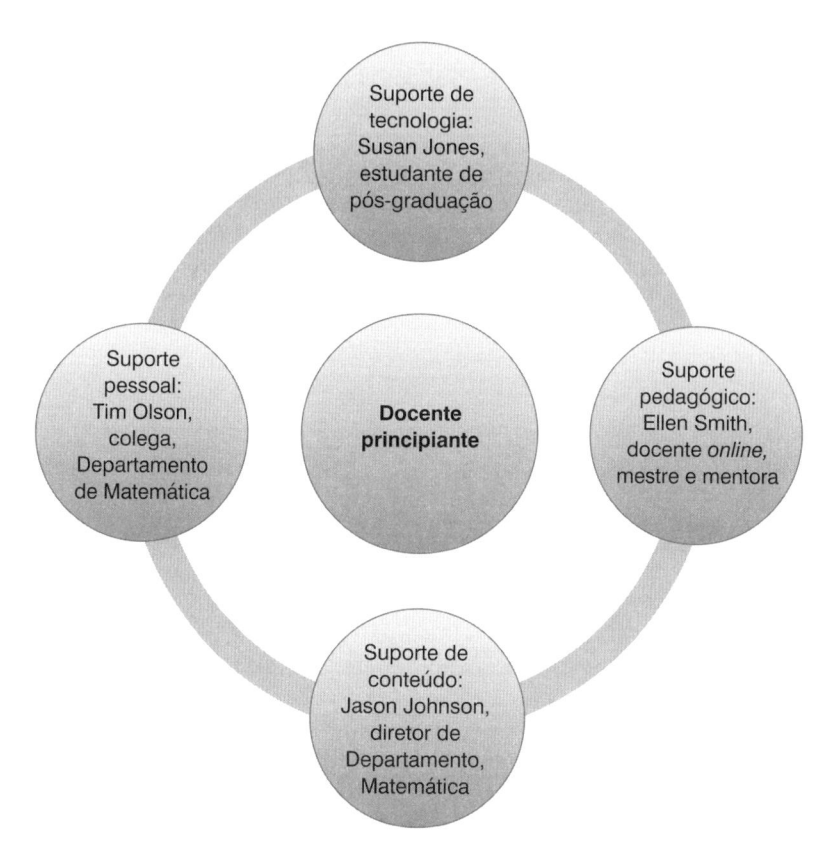

Figura A.1 Amostra de rede desenvolvimental.

AMOSTRA DE PROGRAMA DE TREINAMENTO PARA DOCENTES PRINCIPIANTES E INICIANTES

O que se segue é uma ementa de treinamento básico que temos usado para a realização *online* dos novos treinamentos de docentes. O programa pode ser modificado no que diz respeito ao tempo necessário para treinamento, assim como para adicionar ou remover tópicos. Conforme está apresentado, representa um treinamento de quatro semanas.

INTRODUÇÃO AO ENSINO *ONLINE* E ÀS MELHORES PRÁTICAS DESSA MODALIDADE DE ENSINO

Instrutores

Dr. Rena M. Palloff
Dr. Keith Pratt

Descrição e visão geral do curso

Esse curso é projetado para ser uma orientação *online* de quatro semanas ao ensino *online*. Ele focará o desenvolvimento de um vocabulário compartilhado de linguagem técnica e discutirá as preocupações pedagógicas na implementação de educação *online* de qualidade. Além disso, o foco estará na criação de cursos *online* que levam aos resultados de aprendizagem desejados, mesclando de maneira eficaz o conteúdo com o uso apropriado de ferramentas tecnológicas.

Leituras

Palloff, R. e Pratt, K. (2003). *The virtual student: A profile and guide to working with online learners.* San Francisco: Jossey-Bass. Edição em português: Palloff, R. e Pratt, K. (2004). *O aluno virtual: um guia para trabalhar com estudantes on-line.* Porto Alegre: Artmed.
Palloff, R. e Pratt, K. (2005). *Collaborating online: Learning together in community.* San Francisco: Jossey-Bass.

Pré-requisitos

- Não é necessário trabalho anterior em ensino e aprendizagem *online*.
- Habilidades básicas com computadores e processadores de textos, como copiar e colar, etc.
- Os participantes precisam possuir uma compreensão básica do uso de *e-mail*, e a capacidade para acessar o *site* do curso e outros *sites* na internet.
- A análise dos textos do curso é fortemente recomendada antes do início deste curso.

Resultados de aprendizagem

- Experienciar um curso *online* a partir da perspectiva do aluno.
- Explorar e integrar várias estratégias de ensino e aprendizagem *online*.
- Explorar e integrar o conceito de comunidades de aprendizagem no ensino *online*.
- Começar o planejamento para o desenvolvimento dos cursos *online* dos próprios membros do corpo docente.
- Aplicar os conceitos de bom desenvolvimento de curso para um curso que possa ser imediatamente implementado.

- Ser capaz de criticar os elementos positivos em cursos desenvolvidos por outros, bem como fazer sugestões adequadas para a melhoria.
- Integrar boas técnicas de avaliação em um curso *online*.

Unidades de aprendizagem

Semana 1

Unidade 1 – Apresentações, objetivos de aprendizagem, diretrizes (três dias).

Visão geral da unidade – Essa unidade é projetada para nos ajudar a conhecer uns aos outros e para discutir como trabalharemos juntos no ambiente *online*. Será de grande ajuda para familiarizá-los ao seu Sistema de Gerenciamento de Cursos à medida que navegamos juntos por ele, postamos nossas apresentações, revisamos os objetivos de aprendizagem do curso e discutimos as diretrizes para a participação. O que vemos a seguir são algumas diretrizes para a participação neste curso:

- Considerando a curta duração do curso (quatro semanas), espera-se que você acesse o curso quase diariamente.
- Espera-se que você poste no fórum de discussões pelo menos uma vez por unidade, e em resposta a um de seus colegas pelo menos uma vez.
- Todas as tarefas devem ser completadas no tempo estabelecido, de forma que não atrase o progresso do curso.
- Todas as comunicações serão profissionais e observarão as regras de Netiqueta.

Para mais informações sobre a Netiqueta, visite www.albion.com/netiquette.

Objetivos da unidade
- Conhecermos uns aos outros.
- Desenvolver um pacto para a aprendizagem durante este curso.

Tarefas
- Postar uma apresentação pessoal no fórum de discussões, dentro do tópico adequado. Inclua não apenas informações sobre sua formação, mas também sua experiência com o ensino e a aprendizagem *online*. Reflita a respeito das seguintes questões em sua introdução: o que o atraiu para o ensino *online*? Como você se vê como instrutor? Quais suas esperanças e medos em relação ao início de sua experiência de ensino *online*?
- Responda a pelo menos uma apresentação de outra pessoa.

- Poste uma mensagem no fórum de discussões que indique sua disposição para trabalhar dentro das diretrizes listadas na visão geral para essa unidade. Há quaisquer diretrizes que devem ser adicionadas?

Unidade 2 – Desenvolvimento da ementa de aprendizagem *online* (três dias).

Visão geral da unidade – O programa constitui a espinha dorsal de qualquer curso e, no curso *online*, sua importância é crucial, já que é a principal maneira de os estudantes adquirirem compreensão do que é esperado deles na sala de aula *online*. Consequentemente, não se pode deixar uma grande margem de interpretação no programa do curso *online*. À medida que os instrutores *online* desenvolvem ementas, há a necessidade de se deixar para trás o que foi feito na sala de aula face a face e de se repensar o curso para sua realização distribuição *online*. Para tanto, há diversas questões que eles precisam fazer a si mesmos. Essas questões são as seguintes:

- Quem são os meus estudantes?
- O que eu quero alcançar por meio deste curso? O que quero que meus estudantes saibam, sintam ou façam como resultado dele? Qual conteúdo do curso apoiará esses objetivos?
- Quais diretrizes, regras, papéis e rituais precisam ser estabelecidos para este curso?
- Como planejo lecionar o material do curso?
- O quão confortável eu me sinto ao incluir atividade colaborativa e interação pessoal ou ao promover a aquisição de conhecimento pelos alunos e liberar o controle do processo de aprendizagem?
- Como eu quero organizar o *site* do meu curso?
- Como eu avaliarei a *performance* dos estudantes?
- Como abordarei os requisitos de frequência?
- O que eu quero que os estudantes levem consigo ao terminarem essa aula?

Além de responder a essas questões, os instrutores *online* precisam considerar novas e diferentes atividades para acessar o conteúdo do curso. Cursos *online* baseados em atividades de "ler e discutir" não são envolventes, podendo levar a uma redução da participação no decorrer das aulas. Consequentemente, pensar para além dos parâmetros convencionais é uma atitude fortemente encorajada!

Objetivos da unidade
- Desenvolver uma compreensão mais forte da natureza da aprendizagem *online*.
- Considerar novas formas de lecionar o material do curso.

Tarefas
- Revise os livros didáticos deste curso e, então, poste as respostas para as perguntas de discussão a seguir, no tópico apropriado do fórum de

discussões: quais ideias você tem para apresentar o material do curso? Quais atividades que você poderia experimentar? Quais preocupações você tem em relação às questões a serem consideradas, listadas na visão geral da unidade, e como você poderia abordá-las?

Semana 2

Unidade 3 – Escolhendo as atividades de aprendizagem adequadas (três dias).

Visão geral da unidade – Agora que você está mais familiarizado com o seu Sistema de Gerenciamento de Cursos, o propósito dessa unidade será ajudá-lo a escolher e desenvolver de maneira plena as atividades para a sua aula. O Capítulo 11 de *O Aluno Virtual* (Palloff e Pratt, 2003) discute as melhores práticas na aprendizagem *online*, incluindo a compreensão de quem os estudantes são e de como eles aprendem, assim como do que precisam para apoiá-los em sua aprendizagem. O *Collaborating Online* (Palloff e Pratt, 2005) oferece uma boa quantidade de sugestões para envolver o aluno *online* em atividades colaborativas. Tendo isso como guia, você irá revisitar suas futuras atividades de aprendizagem e desenvolvê-las plenamente para a implementação em seu próprio curso.

Objetivos da unidade

- Desenvolver, de forma plena, um conjunto de atividades de aprendizagem para implementação em um curso *online*.
- Explorar o conceito de envolvimento e como integrá-lo em um curso.

Tarefas

- Revise o Capítulo 11 de Palloff e Pratt e todo o livro *Collaborating Online*. Considerando esses materiais como pano de fundo, como você pode desenvolver de maneira plena as atividades que você sugeriu na Unidade 2? O que torna essas atividades eficazes e como elas se ligarão aos objetivos de aprendizagem do seu curso? Quais ferramentas você usará para realizar essas atividades e por quê?
- Poste as respostas para as essas perguntas no tópico apropriado do fórum de discussões.
- Como você vê o conceito de envolvimento? Como você assegurará o envolvimento integral dos estudantes em seu curso? Por favor, poste suas respostas no tópico adequado do fórum de discussões e responda a pelo menos um outro colega.

Unidade 4 – Promovendo a participação (três dias).

Visão geral da unidade – A distribuição eficaz de um curso *online* demanda um alto índice de participação por parte dos estudantes e instrutores. Você tem desenvolvido ideias para o seu curso, mas, se não conseguir fazer os estudantes participarem, seus esforços terão sido em vão. O que segue são algumas sugestões para maximizar a participação (Palloff e Pratt, 1999):

- Seja claro a respeito da quantidade de tempo que o curso exigirá dos estudantes e dos docentes, de forma a eliminar potenciais desentendimentos em relação às demandas do curso – inclua essas informações em seu programa.
- Ensine os estudantes sobre a aprendizagem *online* – inclua uma área de "Perguntas Frequentes (FAQ)" em seu curso, assim como um local onde os estudantes possam fazer perguntas à medida que elas forem surgindo.
- Como instrutor, seja um bom modelo de participação, acessando com frequência o curso e contribuindo com as discussões – planeje participar com a mesma frequência que você pede aos estudantes para fazê-lo.
- Esteja disposto a intervir e estabelecer limites caso a participação diminua ou se a conversa estiver indo para a direção errada.
- Lembre-se de que há pessoas por trás das palavras no monitor. Esteja disposto a contatar os estudantes que não estão participando e convide-os a se juntarem às discussões.
- Crie uma atmosfera acolhedora e convidativa, que promova o desenvolvimento de um senso de comunidade entre os participantes.

Ter esses pontos em mente pode ajudar a maximizar a participação e criar uma experiência satisfatória de aprendizagem tanto para os estudantes como para os docentes.

Tarefas

- Revise a amostra de diretrizes de participação apresentadas em *O Aluno Virtual*, nas páginas 158 a 160. Apresente as diretrizes que você tem a intenção de usar em seu curso *online*, no tópico adequado do fórum de discussão, e forneça *feedback* para pelo menos um dos outros colegas sobre o conjunto de diretrizes dele.
- Revise a amostra de expectativas em relação aos docentes em *O Aluno Virtual*, nas páginas 160 a 164. Escreva uma carta de boas-vindas aos seus estudantes e faça a postagem dela no fórum de discussão. Forneça *feedback* para pelo menos um dos outros colegas sobre a carta dele.

Semana 3

Unidade 5 – Colaboração e reflexão (três dias).

Visão geral da unidade – No ambiente *online*, a colaboração é vista como a pedra angular da experiência educacional. A colaboração constitui a fundação da comunidade de aprendizagem, enquanto reúne os estudantes para apoiar a aprendizagem e promover a criatividade e o pensamento crítico. Além disso, a colaboração cria um ambiente de reflexão – os estudantes, enquanto se envolvem em um trabalho colaborativo, são solicitados a refletir sobre o processo, bem como sobre o conteúdo explorado. O resultado é uma experiência de aprendizagem transformadora – o estudante não vê mais o conteúdo da mesma forma. A interação social, e não a exploração individual, expande a visão dos estudantes sobre o tópico e o que eles pensavam que sabiam. Ela permite a eles questionar as convicções que tinham anteriormente e explorar novas crenças. Além disso, o uso de atividade colaborativa em uma aula ajuda a abordar questões de estilo de aprendizagem e de cultura, permitindo que os estudantes trabalhem a partir de seus pontos fortes. A colaboração ajuda nossos alunos a se tornarem mais do que apenas estudantes – ela permite que eles se tornem profissionais que refletem. É importante lembrar, no entanto, que a colaboração não acontece por si mesma. O instrutor desempenha um papel crucial na preparação de estudantes para o trabalho colaborativo. As etapas para a colaboração são as seguintes:

- Preparar o terreno;
- Criar o ambiente;
- Modelar o processo;
- Avaliar o processo.

Pense sobre a atividade colaborativa que você pode planejar para o seu curso *online* com essas fases em mente. Como você poderia facilitar o processo colaborativo?

Objetivos da unidade
- Planejar o trabalho colaborativo em um curso *online*.
- Criar atividades que promovam reflexão e aprendizagem transformadora.

Tarefas
- Revise uma vez mais as atividades que você está propondo para seu curso *online* e responda às seguintes perguntas no tópico apropriado do fórum de discussões – o que você poderia fazer para incorporar o trabalho corporativo ao seu curso *online*? Se você já planejou a atividade colaborativa, como planeja preparar os estudantes para a atividade? Como você precisaria prepará-los? Poste seu plano e forneça *feedback* para pelos menos um outro plano.
- Responda à seguinte pergunta no fórum de discussões: Como você promoverá a reflexão em seu curso? Essa será uma atividade em que serão atribuídas notas?

Unidade 6 – Incorporando a avaliação (três dias).

Visão geral da unidade – A avaliação da *performance* dos estudantes é um componente crucial em qualquer classe, seja ela face a face ou *online*. Como aprendemos a partir da leitura do Capítulo 8 de *O Aluno Virtual*, a boa avaliação se alinha com as atividades de ensino e não é vista como um fardo a mais pelos estudantes ou pelo instrutor. Angelo e Cross (1993) apontam que a boa avaliação é baseada nos seguintes fatores e é:

- Centrada no aluno.
- Orientada pelo professor.
- Mutuamente benéfica.
- Formativa.
- Específica ao contexto.
- Permanente.

Nesta unidade, passaremos mais tempo pensando sobre avaliação crítica e as atividades de avaliação em seu curso *online*.

Objetivos da unidade

- Desenvolver atividades adequadas de avaliação para o curso *online*.
- Preparar e apresentar uma rubrica de atribuição de notas para a avaliação.

Tarefas

- Revise o Capítulo 8 de *O Aluno Virtual* e também examine as atividades de avaliação apresentadas em *Collaborating Online*. Poste o seguinte no tópico apropriado do fórum de discussões: Quais as atividades de avaliação que você está preparando para o curso *online*? Discuta como elas se alinham com os objetivos do curso e as atividades de aprendizagem. Dê *feedback* a pelo menos um colega sobre as avaliações propostas por ele.
- Prepare e poste, no fórum de discussões, pelo menos um esboço de uma rubrica de atribuição de notas para uma das atividades de aprendizagem em seu curso. Forneça *feedback* para pelo menos um colega sobre a sua rubrica.

Semana 4

Unidade 7 – Prepare uma lição (quatro dias).

Visão geral da unidade – Agora você está pronto para começar a criar seu curso! Durante os próximos dias, espera-se que você componha uma unidade de aprendizagem em forma de esboço e apresente-a para análise.

Objetivos da unidade

- Complete o esboço de uma unidade de aprendizagem de seu curso, incluindo todas as atividades de aprendizagem e de avaliação.
- Dê e receba *feedback* crítico para a melhoria da lição.

Tarefas
- Apresente o esboço da lição com as atividades e avaliações e/ou rubricas para os seus colegas. Faça uma crítica a pelo menos um colega.

Unidade 8 – Reflexões finais sobre a experiência de aprendizagem (dois dias).

Visão geral da unidade – Parabéns! Você conseguiu enfrentar e passar por toda essa intensa experiência de treinamento! Agora que você chegou até aqui, é hora de respirar fundo e refletir um pouco sobre o que você aprendeu ao longo das últimas quatro semanas. Pense sobre como você irá abordar seu curso *online*, seus estudantes e o que você ainda poderia precisar para ajudá-lo com seu desenvolvimento como instrutor *online*.

Objetivos da unidade
- Refletir criticamente sobre a experiência de treinamento.
- Definir as áreas que precisam de trabalho suplementar e as perguntas finais.

Tarefas
- Responda às perguntas a seguir no tópico adequado do fórum de discussões: o que aprendi de novo ao participar desse treinamento? Como eu poderia agir, em minha aula *online*, de forma diferente da que teria feito sem o treinamento? Quais perguntas sem respostas eu ainda tenho?

SÚMULA DE TREINAMENTO AVANÇADO

George Engel, estudante de doutorado na Universidade Walden e instrutor de cálculo em Nova Iorque, apresentou a seguinte súmula premiada de um seminário de treinamento avançado em tópicos de computação móvel e o uso de *wikis*. George usa os dois juntos em suas aulas de matemática.

TREINAMENTO DE DOCENTES SOBRE O USO DE DISPOSITIVOS MÓVEIS COMBINADOS COM TECNOLOGIA *WEB* 2.0

Instrutor

George Engel

Dia 1 (Quatro Horas) – Tema do dia: a sala de aula móvel
I. Apresentação e biografia do palestrante
II. Por que dispositivos móveis? (PowerPoint)

A. Qual é a sala de aula que queremos? (imagem de *laptops* em todas as mesas)

B. A realidade das salas de aula que possuímos (imagem de mesas vazias, sem tecnologia)

C. Por que a tecnologia não foi completamente integrada?
- Recursos insuficientes
- Tempo de planejamento insuficiente
- Equipamento obsoleto
- Questões técnicas

D. Limitações
- Os alunos consideram a tecnologia imóvel
- Sem impacto fora da sala de aula

E. Dispositivos móveis são a solução (telefones celulares e iPod *touches*)

III. Divida a turma em grupos cooperativos de três ou quatro pessoas, com agrupamentos heterogêneos por grupos curriculares. Esses serão os subgrupos do dia.

Primeira atividade: o sistema de resposta da audiência (SRA)

- Preparação em grupo com o Wiffiti.com.
- Fazer os grupos se conhecerem mutuamente por meio da realização da atividade que usa o Wiffiti.com e os seus celulares como ferramentas de pesquisa. Essa atividade está incluída no final dessa ementa.
- Essa atividade deve durar aproximadamente 30 minutos. Esteja preparado para treinar os participantes sobre como enviar respostas em mensagens de texto.
- Apresentação de PowerPoint sobre o SRA.
  Exemplos: Não esqueça de mostrar exemplos reais quando necessário.
   Senteo
   Polleverywhere.com
   Wiffiti.com
  Benefícios
   Anonimato
   Participação
   Envolvimento
  Atividades
   KWL[*]

---

[*] N. de R.T.: Atividades KWL propõem que estudantes, geralmente em grupos, sigam três passos: a) identifiquem o que sabem sobre determinado tema, b) listem o que gostariam de saber sobre o tema. Segue então algum tipo de pesquisa, experimento ou discussão. Finalmente, na etapa c) os aprendizes relatam o que aprenderam. K = *Knowledge* (conhecimento), W = *What to know* (o que se deseja conhecer), L = *What was learned* (o que foi aprendido).

Do Now (Preparação)
"Pesquisa de boca de urna"
Verificação da compreensão

- Pergunta do Polleverywhere.com

Como um sistema de resposta de audiência poderia ser usado em sua área de especialidade?

Mostrar o *website* polleverywhere.com e suas opções, e demonstrar como se montam várias pesquisas de opinião em um grupo.

Pedir que os participantes tenham uma pesquisa ativa no polleverywhere.com, de modo que eles possam enviar perguntas por meio dela ao longo do dia.

Segunda atividade: hora do flickr.com

- Mostrar exemplos de apresentações de *slides* do flickr feitas por estudantes, a partir de um *wiki* gerado por eles.
- Pedir que os participantes criem uma conta no flickr e demonstrar para eles como fazer o *upload* de uma imagem a partir de seu telefone. Pedir que cada grupo escolha um tópico a partir da seguinte lista: esportes, natureza, mecânica, matemática, tecnologia, língua, arte e diversidade. Começar a próxima atividade. Ela está localizada ao final desta ementa. (Não esquecer de pegar os números dos telefones celulares antes da atividade, de modo que os participantes possam receber uma mensagem de texto avisando-os sobre quando devem retornar.)
- Essa atividade deve levar de 60 a 90 minutos, no mínimo, para ser completada.
- PowerPoint sobre outros exemplos.
  The Flip Book (mostrar exemplos do trabalho de estudantes).
  Visitas a museus (os estudantes tiram fotos em um museu e depois comentam cada uma delas).
  Diário de viagem para uma visita de estudos.
- Dar tempo para a discussão sobre os méritos dessa atividade. Isso é extremamente importante para o grupo processar o que aprendeu e observou na atividade.

Terceira atividade: luzes, câmera, ação!

- Nesta atividade, os participantes criarão, com seus telefones, um vídeo de dois a três minutos que explique como usar o flickr.com para criar uma apresentação de *slides*.
- PowerPoint: Mostrar vários *sites* de *streaming* de vídeo e apresentar os benefícios e as desvantagens de cada um.
  YouTube
    Bloqueado por muitos distritos
    Upload e aprovação do conteúdo rápidos
    Upload diretamente a partir do telefone

TeacherTube
  Não bloqueado
  Upload e tempo de aprovação lentos
  Upload diretamente a partir do telefone

Google Vídeo
  Bloqueado por muitos distritos
  Upload e aprovação do conteúdo rápidos
  Upload diretamente a partir do telefone

Hpgabbel.com
  Não bloqueado
  Upload fácil

- Dar tempo aos participantes para que desenvolvam vídeos e façam o *upload* deles. Uma vez que isso tenha sido feito, pedir que o grupo veja todos os vídeos.
- Depois disso, discutir essa atividade e como ela poderia ser aplicada em suas lições. Dê a eles tempo para processar e fazer perguntas sobre o trabalho.

Recapitulação e conclusões

Dedicar tempo para discutir o trabalho do dia e pedir que o grupo expresse o que eles aprenderam e o que gostaram. Também responder às questões que foram apresentadas no polleverywhere.com.

Tema de casa

Preparar-se para a próxima sessão, escrever três perguntas com dúvidas remanescentes em relação ao que estamos fazendo.

Dia 2 (Duas Horas) – Tema do Dia: tecnologias da *Web* 2.0

Abrir com uma revisão do tema de casa

Dedicar tempo respondendo às perguntas que os participantes possam ter elaborado de um dia para o outro.

Primeira atividade: hora do *wiki*

- O que é um *wiki*? Dedique algum tempo para discutir o que é essa ferramenta e quantos a utilizaram.
- Hora do projeto. Divida os participantes em grupos curriculares comuns.
- Mostre a cada grupo como criar um *wiki*. Peça que eles se registrem em espaços *wiki* e criem uma conta para seu grupo. Deixe-os praticar cada uma destas tarefas. Prepare vídeos e imagens para eles.
  Edição e adição de páginas
  Adição de fotos e textos
  Incorporação de apresentações de *slides* e vídeos

- Mostre exemplos de *wikis* criados por estudantes.
- Os grupos começarão o "Projeto de Criação de *Wiki*".
  Exemplos de projeto:
  Catálogo científico
  Coletânea de poesias
  Formas geométricas
  Wiki da Guerra Civil
- Quando o projeto estiver completo, peça que cada grupo veja todos os *wikis* e faça comentários sobre as páginas usando a opção de discussão do *wiki*. Conforme eles comentam, peça-lhes para pensar em como eles gostariam que seus estudantes comentassem.
- Discussão de grupo sobre o processo. Responda a quaisquer questões. Pergunte a eles como podem usá-las na sala de aula. Também pergunte sobre outras formas como eles poderiam usar um *wiki* para aprendizagem.

Atividade final: o que é a *Web* 2.0?
- Peça aos participantes para que completem a atividade "O Que é a *Web* 2.0?".
- Complete a atividade.
- Peça a cada grupo que apresente as ideias à turma. Peça para que alguém grave as várias ideias. Discuta como eles podem usar essas tecnologias em suas salas de aula.
- Imprima todas essas informações para que os grupos as levem consigo.

Conclusões e dicussão final das lições
- Recapitule a sessão com uma discussão sobre o que eles aprenderam ao longo das duas sessões. Responda a quaisquer perguntas finais. Deixe-lhes esta reflexão: "Como eles colocarão em uso o que aprenderam aqui? Eles irão continuar a ensinar no século XX? Ou irão entrar no século XXI?".
- Faça *upload* de todos os materiais que o grupo criou para o Google Docs, de forma que eles possam usar e compartilhar os materiais.

Atividades dos estudantes inclusas no treinamento

O que se segue são as descrições de como utilizar as atividades dos estudantes descritas no treinamento.

Atividade de dez minutos
- Os membros do grupo usarão seus telefones celulares para achar e responder às perguntas inclusas nas orientações para cada grupo.

162 Apêndice A

- O propósito dessa atividade é introduzir aos participantes duas ideias:

1. Qual invenção é creditada ao Dr. Martin Cooper?
Envie @wif18506 + sua resposta
para o número 87884

2. Quem é o responsável pela invenção da manteiga de amendoim?
Envie @wif18508 + sua resposta
para o número 87884

3. Qual é a mais famosa *Constitution Class Star Ship*?
Envie @wif18509 + sua resposta
para o número 87884

4. Em que país a matriz matemática apareceu primeiramente registrada em um texto?
Envie @wif18511 + sua resposta
para o número 87884

O uso do wiffiti.com.
O uso de dispositivos móveis para a pesquisa na internet.

- Os estudantes respondem bem a essa atividade e desfrutam do processo. Um segundo tipo de atividade da mesma natureza:

Grupo A

Responda às questões a seguir, enviando todas as respostas, em mensagens de texto, usando: @wif9923 + sua mensagem para 87884.

(Cada membro do grupo deve enviar uma resposta.)

1. O que é um polinômio?
2. Qual é o número mínimo de termos exigidos para formar um polinômio?
3. Cite três operações que são permitidas entre dois polinômios.

Grupo B

Responda às questões a seguir, enviando todas as respostas, em mensagens de texto, usando: @wif9970 + sua mensagem para 87884.

1. Cite cinco tipos de matemática ou ciências que usam polinômios.

Grupo C

Responda às questões a seguir, enviando todas as respostas, em mensagens de texto, usando: @wif9972 + sua mensagem para 87884.

1. Cite quatro pessoas conhecidas por terem contribuído para a matemática de polinômios.

Grupo D

Responda às questões a seguir, enviando todas as respostas, em mensagens de texto, usando: @wif9973 + sua mensagem para 87884.

(Cada membro do grupo deve enviar uma resposta.)

1. Qual é o grau de um polinômio?
2. Qual é o nome de um polinômio de quarto, quinto, sétimo e décimo graus?

Uma atividade do flickr.com

Cada grupo escolherá um tópico da seguinte lista, ou dentre um dos seus, que deve ser aprovado pelo instrutor no começo da atividade.

Esportes
Mecânica
Natureza
Matemática
Tecnologia
Língua
Artes
Ciência
Diversidade
Cultura
História

Cada grupo irá perambular pelo *campus* por pelo menos 30 minutos, tirando fotos que representem o tema que escolheram. Ao final do tempo previsto, os participantes retornarão para a sala de apresentação e farão o *upload* de suas fotos para o flickr.com. Após ter sido feito o *upload* de todas as fotos, os participantes criarão uma apresentação de *slides* utilizando o flickr. Eles devem preparar, então, uma explicação do porquê de cada *slide* representar seu tema. Um membro do grupo apresentará os *slides* para a turma, dando a explicação para cada um deles.

O propósito dessa atividade não é apenas ensinar como usar um serviço *web* como o flickr, mas apresentar aos participantes as possibilidades do uso desse tipo de serviço.

Projeto de criação de *wiki*

- Seu grupo criará um *wiki* que se adeque à sua área curricular. Você pode usar os temas sugeridos, como Catálogo Científico, Coletânea de Poesias, Formas Geométricas e Guerra Civil, ou qualquer tema com o qual você deseje trabalhar, contanto que esteja incluído em seu currículo programático.
- Seu grupo deve criar cinco páginas diferentes para seu *wiki*. Cada página deve se enquadrar nos seguintes critérios:
  1. Página inicial: Essa deve ser uma página colorida, com imagens que descrevam o conteúdo do *wiki*.
  2. Todas as páginas restantes devem refletir o conteúdo do que se segue: Um item do seu tema, isto é, poema, general da Guerra Civil, etc. Deve haver uma descrição completa do item, junto com figuras e até vídeos de apoio para o conteúdo. Essa descrição deve ser feita com as suas próprias palavras.

- As páginas devem mostrar bom conteúdo, ser agradáveis à visão e fáceis de ler. Não se esqueça de indicar onde as informações foram obtidas e criar *hiperlinks* para qualquer conteúdo que tenha vindo da *web*.

Web 2.0

1. Em grupo, defina a tecnologia *Web* 2.0.
2. Dedique os próximos 30 minutos pesquisando na internet para encontrar três ferramentas *Web* 2.0 que poderiam ser usadas para a aprendizagem. Lembre-se de:
   a. Descrever cada ferramenta
   b. Dizer como ela poderia ser usada nas aulas deles
   c. Como ela poderia ser usada em outros currículos
3. Prepare uma apresentação ou a definição e as ferramentas que você encontrou.
4. Apresente as informações para a turma.

Apêndice B

Recursos para docentes

Este apêndice contém recursos para docentes a fim de apoiá-los em seu próprio treinamento e desenvolvimento. Aqui estão incluídos *links* e sugestões para:

- Avaliação do grau de preparação dos docentes para ensinar *online*
- Comunidades de prática
- Programas de certificação em ensino *online*
- Conferências *online*
- Publicações *online*
- Organizações profissionais
- Rubricas de avaliação de cursos

AVALIAÇÃO DO GRAU DE PREPARAÇÃO DOS DOCENTES PARA O ENSINO *ONLINE*

Assim como há numerosas ferramentas para se avaliar o grau de preparação dos estudantes para a aprendizagem *online*, um número considerável de ferramentas voltadas à avaliação do grau de preparação de docentes para ensinar *online* está surgindo. Dois recursos *online* para tais ferramentas são o Online Learning.net, patrocinado pela UCLA (http://www.onlinelearning.net/Instructor-Community/selfevaluation.html), e um outro desenvolvido colaborativamente pela Universidade Estadual da Pensilvânia e pela Universidade da Flórida Central (2008) (http://weblearning.psu.edu/news/facultyself-assessment/). A avaliação que apresentamos agora é uma adaptação de ambos, juntamente com nossas próprias questões adicionadas para abordar a pedagogia e a filosofia de ensino.

Embora escores baixos nessa avaliação sejam um indicador de que mais treinamento e suporte sejam necessários para se ter sucesso no ensino *online*, o instrutor deve ser encorajado a buscar treinamento, caso haja interesse. O treinamento pode ser direcionado às áreas de maior necessidade, e deve ser um indicador do quanto um plano de treinamento individualizado pode ser desenvolvido. As áreas de avaliação recebem escores em uma escala de 1 a 5, com escores totais para cada seção, e, depois, os índices de cada uma delas são usados para determinar as áreas de ênfase para o plano de treinamento individualizado, conforme mostrado na amostra do Plano de Treinamento Individual de Docentes, no Apêndice A. Os escores totais são um indicador da fase de desenvolvimento na qual um instrutor se encontra, possibilitando a criação de um plano de treinamento individualizado para atender às necessidades daquela fase. Para uma descrição mais aprofundada das fases, consulte o Capítulo 2 deste livro.

1 = Discordo fortemente	2 = Discordo	3 = Não concordo nem discordo	4 = Concordo	5 = Concordo fortemente

1. Habilidades técnicas – Total de pontos possíveis = 60

Eu tenho em casa e/ou no meu escritório um computador disponível para mim	
Eu viajo com um computador	
Eu acesso frequentemente a internet e posso procurar o que preciso	
Eu sou competente na utilização de *e-mail*	
Eu sou competente na utilização de *software* de processamento de textos	
Eu sou competente na utilização de *software* de apresentação, como o PowerPoint	
Eu sou capaz de fazer o *download* de arquivos da internet e consigo anexar arquivos em um *e-mail*	
Eu estou familiarizado com *blogs* e posso criar um	
Eu estou familiarizado com *wikis* e posso criá-los	
Eu estou familiarizado com tecnologias de redes sociais, como Facebook e Twitter, e posso usá-las	

1 = Discordo fortemente	2 = Discordo	3 = Não concordo nem discordo	4 = Concordo	5 = Concordo fortemente

Eu estou familiarizado com o Sistema de Gerenciamento de Cursos da minha universidade	
Eu utilizei tecnologia para apoiar meu ensino face a face	
Pontuação total:	

2. Experiência com aprendizagem e ensino *online* – Total de pontos possíveis = 40

Eu experienciei pelo menos um curso *online* como estudante	
Eu recebi treinamento em instrução *online*	
Eu utilizei testes *online* ao dar minhas aulas	
Eu utilizei discussões *online* ao dar minhas aulas	
Eu utilizei ferramentas de sala de aula, como Elluminate, Adobe Connect, WebEx ou Skype ao dar minhas aulas	
Eu utilizei bate-papo virtual ao dar minhas aulas	
Eu utilizei um *website* de publicação ao dar minhas aulas	
Eu utilizei o Sistema de Gerenciamento de Cursos da minha universidade para suplementar meu ensino em sala de aula	
Pontuação total:	

3. Atitudes em relação à aprendizagem *online* – Total de pontos possíveis = 45

Eu acredito que a aprendizagem *online* é tão rigorosa quanto a instrução em sala de aula	
Eu acredito que as experiências de aprendizagem de alta qualidade possam ocorrer sem a interação face a face com os estudantes	

1 = Discordo fortemente	2 = Discordo	3 = Não concordo nem discordo	4 = Concordo	5 = Concordo fortemente

Eu apoio o uso de discussões como um meio de ensino	
Eu apoio a interação entre alunos e as atividades colaborativas como um meio central de ensino	
Eu reconheço que a construção de comunidades é um componente importante do ensino *online*	
Eu encorajo os estudantes a trazerem experiências de vida para dentro da sala de aula e crio atividades que aproveitam essas experiências	
Eu acredito que a aula expositiva seja a melhor maneira de transmitir o conteúdo da minha disciplina	
Eu me sinto confortável ao me comunicar *online* e sinto que sou capaz de expressar quem eu sou por meio da escrita	
Eu penso de forma crítica e posso desenvolver tarefas que encorajem meus estudantes a pensarem criticamente	
Pontuação total:	

4. Gerenciamento de tempo e tempo de dedicação – Total de pontos possíveis = 30

Eu consigo acessar um curso *online* ao menos uma vez por dia	
Eu consigo postar para minha turma *online* pelo menos 4 ou 5 vezes por semana	
Eu consigo gerenciar bem meu tempo	
Eu sou flexível ao lidar com as necessidades dos estudantes em questões como prazos, faltas e realização de tarefas	
Eu sou razoavelmente organizado e tendo a planejar com antecedência o meu ensino	
Eu sou responsivo aos meus estudantes, respondendo aos *e-mails* em até 48 horas e às tarefas em até uma semana	
Pontuação total:	Pontuação total em todas as seções:

Interpretação de resultados

150 – 175 pontos = Você tem o perfil exato para o ensino *online* e provavelmente é um instrutor *online* iniciado ou mestre.
90 – 150 pontos = É provável que você precise de algum apoio para o sucesso no ensino *online* e é, provavelmente, um instrutor *online* aprendiz.
Menos de 90 pontos = Você precisará de treinamento e suporte consideráveis para obter sucesso no ensino *online* e provavelmente é um instrutor *online* visitante ou principiante.
[*Observação:* Para mais explicações sobre as necessidades de treinamento de cada fase do desenvolvimento do instrutor *online*, consulte o Capítulo 2 e a amostra do plano de treinamento do Apêndice A.]

COMUNIDADES DE PRÁTICA

O que se segue é uma amostragem de comunidades de prática dedicadas ao ensino *online*.
Learning Times [http://www.learningtimes.net]
O Learning Times é um *host* para comunidades *online*, treinamento e conferências sobre tópicos em aprendizagem *online* e a distância.

Merlot (Multimedia Educational Resource for Learning and Online Teaching, Recurso Educacional Multimídia para o Ensino e a Aprendizagem Online") [http://www.merlot.org]
O Merlot é um repositório de objetos de aprendizagem e produz também uma publicação *online*, além de hospedar comunidades de prática de disciplinas específicas.

Tapped In [http://tappedin.org/tappedin/]
Tapped In é uma comunidade de prática orientada, principalmente, ao ensino do K–12, mas que tem expandido seu foco para incluir docentes do ensino superior.

PROGRAMAS DE CERTIFICAÇÃO EM ENSINO *ONLINE*

Existem numerosos programas de certificação na área de ensino *online*. O que segue é uma amostragem dos mais conhecidos. Alguns oferecem créditos em nível de pós-graduação, juntamente com a certificação.

Universidade Fielding de Pós-Graduação – Programa de Certificação Acadêmica em Ensino e Aprendizagem Online [http://www.fielding.edu/programs/education/online-teaching/default.aspx]

O Programa Acadêmico de Certificação de Pós-graduação em Ensino na Sala de Aula Virtual (TVC, na sigla em inglês) vai além do uso de ferramentas tecnológicas para a análise aprofundada da pedagogia do ensino e da aprendizagem *online* e da construção de comunidades de aprendizagem nesse tipo de ambiente. Esse programa de dois semestres é completamente realizado em ambiente *online*, e os créditos podem ser articulados no programa de doutorado em Liderança e Mudança Educacional da Universidade Fielding. Os docentes e diretores desse programa são Rena Palloff e Keith Pratt.

Universidade de Wisconsin-Stout – Certificado de Pós-Graduação em E-Learning e Ensino Online [http://www.uwstout.edu/soe/profdev/elearningcertificate.html]. Projetado para atingir as metas de desenvolvimento profissional daqueles que pretendem ser certificados como altamente qualificados na área de instrução *e-learning* e treinamento *online*. Os estudantes podem fazer um ou dois cursos por período letivo. O programa possui a duração de cinco semestres, se o estudante fizer um curso, ou nove meses, caso faça dois cursos por período letivo. Os cursos podem contar como créditos eletivos em três programas de mestrado em Educação.

Programa de Instrutor Online Certificado (COI, na sigla em inglês) da LERN (Learning Resources Network, Rede de Recursos de Aprendizagem) [http://www.teachingonthenet.org/courses/certified_online_instructor/index.cfm]. A designação de Instrutor Online Certificado foi criada para servir aos docentes do ensino superior e a outros que lecionam *online* e que queiram obter reconhecimento por seus conhecimentos e habilidades. O programa COI envolve fazer três cursos principais de uma semana de duração, lecionar dois cursos *online*, receber crítica por um desses cursos, reunir as avaliações dos estudantes dos cursos lecionados e fazer uma prova.

Divisão de Extensão da Universidade de Wisconsin-Madison – Certificado Profissional em Ensino Online [http://www.uwex.edu/disted/depd/cert_benefits.cfm]. Programa de certificação flexível e autônomo, focado em ajudar os instrutores *online* novatos a se atualizarem rapidamente ou em reforçar as habilidades avançadas de instrutores *online* experientes. O programa fornece conhecimentos e habilidades, exemplos e melhores práticas em ensino *online*, por meio da oportunidade de se praticar e demonstrar aquilo que foi aprendido em um projeto de planejamento de curso que usa os materiais de curso do próprio instrutor.

Certificado de Professor Online Mestre da Illinois Online Network (Rede Online de Illinois) [http://www.ion.uillinois.edu/courses/students/mot.asp].
O certificado de Professor Online Mestre é um programa abrangente de desenvolvimento de docentes baseado na série de cursos de desenvolvimento de docentes *online* MVCR (Making the Virtual Classroom a Reality, Fazendo da Sala de Aula Virtual uma Realidade). Esse programa reconhece e concede certificados para docentes, funcionários e administradores que atingirem um nível mensurável de conhecimentos relacionados ao *design* de cursos *online*, à instrução *online* e a outras questões relacionadas ao ensino e à aprendizagem *online*. Para receber o certificado

de Professor Online Mestre, o estudante deve completar de forma bem-sucedida quatro cursos principais, um curso eletivo e a prática de ensino *online*.

CONFERÊNCIAS *ONLINE*

As conferências *online* estão ficando mais populares devido às restrições econômicas associadas às taxas de viagem e inscrição e à conveniência de se participar delas a partir de casa ou do escritório. Algumas duram dois ou três dias, enquanto outras são seminários breves. O benefício adicional das conferências *online* é o seu baixo custo.

Jossey-Bass Online Teaching and Learning Conference (Conferência sobre Ensino e Aprendizagem Online da Jossey-Bass)
http://www.onlineteachingandlearning.com/
International Online Conference (Conferência Internacional Online)
http://www.internationalonlineconference.org/

Smithsonian Conference on Problem Solving (Conferência Smithsoniana sobre Resolução de Problemas)
http://www.smithsonianconference.org/expert/

Fielding Graduate University Online Summer Institute for Community Colleges (OSICC, Instituto Online de Verão para Faculdades Comunitárias, da Universidade Fielding de Pós-Graduação)
www.onlinefacultyinstitute.org

TCC (Technology, Colleges, and Community) Online Conference (Conferência Online TCC [Tecnologia, Faculdades e Comunidade])
http://tcc.kcc.hawaii.edu/2010/tcc/welcome.html

Academic Impressions (Impressões Acadêmicas)
http://www.academicimpressions.com/

Magna Online Seminars (Seminários Online Magna)
http://www.magnapubs.com/calendar/index-cat-type.html

PUBLICAÇÕES *ONLINE* SOBRE ENSINO *ONLINE*

Atualmente, há numerosas publicações *online*. Esta é uma lista de algumas que são dedicadas ao tópico do ensino *online*.

Journal of Online Learning and Teaching (JOLT)
http://jolt.merlot.org/

Online Journal of Distance Learning Administration
http://distance.westga.edu/~distance/ojdla/

T.H.E. Journal (*Transforming Education Through Technology*)
http://thejournal.com

EDUCAUSE Review
http://www.educause.edu/er

Innovate: Journal of Online Education
http://innovateonline.info/

Journal of Asynchronous Learning Networks (JALN)
http://www.sloanconsortium.org/publications/jaln_main

Journal of Interactive Online Learning
http://www.ncolr.org/

The International Review of Research in Open and Distance Learning
http://www.irrodl.org/index.php/irrodl/index

International Journal of Instructional Technology & Distance Learning
http://www.itdl.org/index.htm

The Technology Source Archives
http://www.technologysource.org/

ORGANIZAÇÕES PROFISSIONAIS

A seguir, apresentamos uma lista parcial de organizações profissionais de interesse para os docentes que lecionam *online* e para desenvolvedores de docentes:

ISTE – International Society for Technology in Education (Sociedade Internacional para a Tecnologia em Educação)
Essa organização é dedicada ao apoio do uso de tecnologia no ensino e na aprendizagem de professores e estudantes do K–12.

AACE – Association for the Advancement of Computing in Education (Associação para o Avanço da Computação na Educação)
A missão dessa organização é a de fazer avançar a pesquisa em Tecnologia da Informação em Educação e E-Learning, bem como o seu desenvolvimento e sua aplicação prática.

USDLA – United States Distance Learning Association (Associação de Aprendizagem a Distância dos Estados Unidos)
Essa organização promove o desenvolvimento e a aplicação de aprendizagem a distância para a educação e o treinamento em todos os níveis.

League for Innovation in the Community College (Liga para a Inovação na Faculdade Comunitária)
A Liga apoia o trabalho e as publicações que focam a integração de tecnologia ao ensino.

AACC – American Association of Community Colleges (Associação Americana de Faculdades Comunitárias)
Embora não foque diretamente o uso de tecnologia na educação, a AACC fornece recursos e pesquisa para faculdades comunitárias e para estudos sobre elas.

POD Network – Professional Organizational Development Network (Rede de Desenvolvimento Organizacional Profissional)
Fornece recursos e suporte para desenvolvedores de docentes.

NCSPOD – The North American Council for Staff, Program, and Organizational Development (O Conselho Norte Americano para o Desenvolvimento de Funcionários, Programas e Organizações)
Fornece recursos e suporte para desenvolvedores de docentes.

RUBRICAS DE AVALIAÇÃO DE CURSOS

Muitas instituições e organizações criaram rubricas para a avaliação da qualidade em um curso *online*. Pode-se baixá-las e usá-las para avaliar o próprio curso, ou podem ser usadas como parte de um esforço de avaliação de cursos no nível departamental ou institucional. As mais conhecidas são

Quality Matters
http://www.qualitymatters.org/

California State University – Chico Rubric for Online Instruction (ROI, Rubrica para Instrução Online da Universidade Estadual da Califórnia – Chico)
http://www.csuchico.edu/celt/roi/

Illinois Online Network – Quality Online Course Initiative Rubric (Rubrica da Iniciativa para Cursos Online de Qualidade – Rede Online de Illinois)
http://www.ion.uillinois.edu/initiatives/qoci/rubric.asp

Apêndice C

Recursos para administradores de programas *online*

Este apêndice contém recursos para administradores de programas *online* e para aqueles que são responsáveis pelo treinamento e pela avaliação de docentes *online*. Estão incluídos:
- Avaliação de necessidades de treinamento para programas *online*.
- Questões de autoavaliação de docentes.
- Amostra de rubrica de avaliação de docentes.

AVALIAÇÃO DE NECESSIDADES DE TREINAMENTO PARA PROGRAMAS *ONLINE*

O que segue é um modelo que pode ser usado no desenvolvimento de um plano estratégico para a aprendizagem *online*. Seguir esse modelo ajudará a proporcionar um começo para o desenvolvimento de uma fundação inclusiva e abrangente, a fim de apoiar a aprendizagem *online*. Seu *design* foi feito para explorar o desenvolvimento de um plano estratégico no qual a implementação de tecnologia no ensino desempenha um papel proeminente; o investimento na infraestrutura tecnológica necessária para apoiar um esforço desse tipo; o apoio das principais lideranças para o uso de tecnologia; o suporte dos docentes para aqueles que começam seu envolvimento com o uso de tecnologia em seu ensino; e o suporte para os estudantes por meio do acesso aos computadores, aos cursos e à internet.

Questões e preocupações gerais

Qual é a evidência de que este programa é necessário? Que problemas este programa irá abordar ou resolver? Se nenhuma informação está disponível atualmente, como faremos para obtê-las?

Como saberemos se este programa é bem-sucedido?

Quem deve se envolver em um esforço de planejamento, no meu *campus*, para determinar o *design* de programas, a aquisição de tecnologia e o desenvolvimento de cursos? Quais departamentos ou áreas devem ser representados?

Nome:
Departamento/área:

Quem se responsabilizará pelo esforço de planejamento?
Como as decisões serão tomadas?
Quais mecanismos de aprovação serão usados?

Quem são os estudantes que esperamos atrair? Por que eles deveriam se sentir atraídos por este programa nesta instituição?

Grupos de estudantes:
Motivação para a matrícula:

Uma vez que um programa esteja em vigor, como esperamos atrair/recrutar estudantes?

Questões e preocupações de cursos e programas

Como vislumbramos o uso da tecnologia? Nós a consideraremos como um apoio à sala de aula face a face ou ela será usada para implementar aulas e programas, ou ambos?

Como a tecnologia atenderá às necessidades instrucionais em nossa instituição?

Como vemos as implicações do uso da tecnologia em nossa instituição?

Segundo as nossas expectativas, o quão abrangente será o uso da tecnologia? O seu uso será em fases ou partiremos diretamente para a oferta de programas completos que requerem implementação imediata?

Que resultados programáticos, de curso e de aprendizagem, estamos tentando atingir?

Como o uso da tecnologia nos auxiliará a atingir esses resultados?

Investimento na infraestrutura tecnológica

Qual é o suporte existente para o desenvolvimento de cursos e programas *online*?

Que tipo de orçamento de tecnologia, em termos de dinheiro e tempo, podemos esperar desenvolver?

A instituição apoiará anualmente as despesas com tecnologia? Caso apoie, como isso se dará?

Qual tecnologia já temos em funcionamento?
Quais precisamos adquirir?

A quais *hardware* e *software* os potenciais alunos têm acesso? Eles são compatíveis com as demandas potenciais do programa? O que precisaremos fornecer no *campus*?

Quais são os custos esperados para a instalação de equipamentos novos, de materiais, de desenvolvimento e de pessoal? [*Observação*: o *website* a seguir pode ser muito útil na determinação dos custos de um potencial programa *online*, independentemente do seu tamanho: http://www.marshall.edu/cite/academics/TM/BrianMorgan.htm]

Nós ofereceremos benefícios ou tempo livre aos docentes para o desenvolvimento do curso? Caso ofereçamos, quanto?

Como ofereceremos treinamento para docentes e estudantes? Nós precisaremos terceirizar o treinamento ou ele poderá ser feito internamente? Quanto irá custar e como será realizado?

Quanto nós pretendemos cobrar pelos cursos *online*?

Suporte e treinamento de docentes

Quantos docentes estão interessados e prontos para lecionar aulas *online*? Quem são eles?

Quantos docentes precisaremos treinar, de forma que possam começar a desenvolver e lecionar aulas *online*?

Quais níveis de treinamento nós precisaremos proporcionar – desde os usuários principiantes até os experientes?

Como pretendemos fornecer treinamento para os docentes? Quanto nos custará realizar treinamento de forma contínua?

Como apoiaremos os docentes no desenvolvimento de cursos *online*? Nós usaremos uma abordagem de equipe que inclua *designers* e tecnólogos instrucionais?

Poderemos oferecer incentivos aos docentes para o desenvolvimento de cursos? Se pudermos, como eles serão?

Espera-se que os docentes venham a lecionar cursos *online* além das suas atuais cargas horárias de ensino ou eles terão suas cargas aliviadas para ensinar *online*?

Como forneceremos suporte permanente aos docentes, uma vez que as aulas estejam a todo vapor?

Suporte de estudantes

Quais são as necessidades de treinamento aos estudantes? Como as atenderemos?

Quanto nos custará treinar nossos estudantes?

Que suporte adicional ofereceremos aos estudantes que estejam fazendo aulas *online*?

Como os estudantes terão contato com outros serviços do *campus*, como os serviços de inscrições, históricos, livrarias e bibliotecas?

Nós cobraremos dos estudantes uma taxa de tecnologia? Espera-se que os estudantes paguem as mesmas taxas que os estudantes que assistem aulas no *campus*?

Como forneceremos suporte técnico tanto para os docentes quanto para os estudantes?

Como os estudantes serão avaliados em termos dos resultados de aprendizagem estabelecidos pelos cursos e programas *online*? Como o *software* educativo selecionado nos ajudará na avaliação dos estudantes e na realização dos resultados de aprendizagem?

Questões e preocupações políticas

Nós temos uma política em relação à propriedade intelectual? Caso não a tenhamos, como desenvolveremos uma e qual será a implicação disso?

Nós temos uma política em relação à aprovação de programas e cursos? Caso a tenhamos, como ela se aplica aos programas e cursos *online*?

Como alteraremos os contratos dos docentes para que incluam o desenvolvimento e o ensino de cursos *online*?

QUESTÕES DE AUTOAVALIAÇÃO PARA DOCENTES

A seguir, apresentaremos questões de autoavaliação que são uma adaptação daquelas apresentadas por Beetham e Sharpe (2007) como um "avaliador prático". Essas questões podem ser usadas como parte de um processo de avaliação de docentes para permitir a reflexão sobre as suas próprias práticas de ensino *online* e para avaliar uma única unidade *online* de um curso ou uma experiência inteira de ensino/aprendizagem. As questões são tanto descritivas quanto reflexivas.

Questões descritivas

1. Quais resultados de aprendizagem você estabeleceu para seus alunos?
   - Eles atingiram os resultados?
   - Até que ponto você acha que eles foram capazes de atingir os resultados?
   - Quais atividades você usou para atingir os resultados?
   - As atividades puderam ser escolhidas? Caso tenha sido possível, existiu um padrão para as escolhas deles, e que padrão foi esse?

2. As suas atividades de aprendizagem promoveram interação entre os alunos?
   - Eles foram capazes de trabalhar colaborativamente uns com os outros?
   - Eles se envolveram em interação social além da interação acerca das tarefas?
   - Até que ponto você diria que a discussão no curso foi abrangente ou robusta?

- A maior parte da interação foi de aluno para aluno ou foi principalmente dirigida a você, o instrutor?

3. Os alunos trouxeram recursos adicionais para o curso?
   - Quais recursos eles acessaram e utilizaram?
   - Os recursos que eles descobriram e compartilharam foram úteis e relevantes?
   - Qual a percentagem de alunos envolvidos na busca de recursos adicionais?
   - Você esperava por essa atividade? E você a promoveu?

4. Que tecnologias os alunos utilizaram?
   - Eles usaram principalmente o Sistema de Gerenciamento de Cursos ou usaram outras tecnologias, tais como salas de bate-papo, aplicativos de sala de aula virtual, *blogs* ou *wikis*?
   - Todos os alunos foram capazes de acessar e utilizar a tecnologia do curso?
   - Surgiram quaisquer questões técnicas?
   - O uso de tecnologia foi vantajoso ou representou um desafio para o processo de aprendizagem?
   - A tecnologia em uso e o suporte técnico fornecido foram adequados ao seu curso?

5. O *feedback* no seu curso foi adequado?
   - Os alunos se envolveram suficientemente em *feedback* de aluno para aluno?
   - Com que rapidez e frequência você forneceu *feedback*?
   - Os alunos acharam que receberam *feedback* suficiente de sua parte?

Questões reflexivas

1. Como foi a experiência de aprendizagem para os alunos?
   - Eles atingiram os resultados de aprendizagem esperados?
   - Eles pareceram gostar da aula e da experiência de aprendizagem?
   - Os estudantes estavam motivados e envolvidos ao longo de todo o processo?
   - Houve surpresas ou benefícios inesperados para os estudantes?
   - Que *feedback* informal você recebeu ao longo do processo?

2. Como foi a experiência de aprendizagem para você, sendo o instrutor?
   - Houve desafios? Se houve, como você os encarou?
   - Você se sentiu apoiado em sua experiência de ensino pelos funcionários e pelos colegas?

- Você gostou da experiência de ensino?
- O seu trabalho *online* permitiu-lhe expressar seu estilo de ensino preferido, seus valores e suas crenças em relação à aprendizagem?
- Você desenvolveu abordagens novas?
- O que funcionou bem?
- O que você faria de forma diferente da próxima vez?
- Que conselho você daria para um colega que estivesse prestes a lecionar o mesmo curso *online* que você ensinou?
- Que conselho você daria para um colega que estivesse prestes a desenvolver um curso *online*?

RUBRICA DE AVALIAÇÃO DE DOCENTES

Em nosso livro *Assessing the Online Learner* (Avaliando o Aluno Online, Palloff e Pratt, 2009), nós apresentamos uma rubrica para avaliação do nível de interatividade em um curso *online*. A rubrica é igualmente útil na avaliação da *performance* de docentes *online* e do *design* de um curso desse tipo. O que segue são categorias por meio das quais a interatividade e o próprio curso podem ser avaliados. Os pontos podem, então, ser totalizados e usados como parte de uma autoavaliação de docentes ou de uma avaliação administrativa da eficácia do curso e da *performance* dos docentes.

Escala	Desenvolvimento de presença pocial	Design instrucional para a interação	Evidência do envolvimento do aluno	Evidência do envolvimento do instrutor
Baixa (1)	Nenhuma tentativa foi feita – sem apresentações, biografias, uso de colaboração. Não há um café virtual no curso.	Os estudantes comunicam-se apenas via e-mail com o instrutor. O conteúdo é apresentado no formato de "aula expositiva" por meio de texto e gráficos. Não há uso de fórum de discussões e nenhuma exigência de interação entre os alunos.	Os alunos respondem ao instrutor conforme solicitado, mas não respondem uns aos outros.	O instrutor responde às tarefas dos alunos, mas não promove discussão adicional.
Mínima (2)	Apresentações e biografias são exigidas.	Uso mínimo de fórum de discussões, mas a discussão é exigida – pede-se aos estudantes que escolham questões de discussão para responder, ou ocorrem tarefas de discussão em intervalos, em vez de todas as semanas.	Os alunos respondem às questões de discussão e, conforme solicitado, aos outros alunos. Há poucas evidências de discussão voluntária fora das tarefas.	O instrutor posta uma expectativa de feedback oportuno para os alunos, responde às tarefas deles e é presente no fórum de discussões. O instrutor pode responder a todas as postagens, limitando o envolvimento entre os alunos.
Média (3)	Apresentações e biografias são exigidas. Uma atividade quebra-gelo é inclusa no início de um curso.	A discussão é uma parte regular do curso. Exige-se que os estudantes respondam às questões de discussão e, pelo menos, a um ou dois pares por semana. A discussão pode ser avaliada ou não.	Os alunos respondem às questões de discussão e fornecem aos pares o mínimo exigido em termos de feedback, demonstrando a aplicação dos conceitos do curso. Alguma discussão voluntária, além das tarefas, está presente, com indícios de que uma comunidade de aprendizagem se formou.	O instrutor posta uma expectativa de feedback oportuno para os alunos, responde às tarefas deles e demonstra alguma capacidade para promover discussão entre alunos, por meio de respostas estratégicas que resumam ou liguem as postagens dos estudantes para estender o debate. O instrutor mostra alguma capacidade para desenvolver uma comunidade de aprendizagem.

Escala	Desenvolvimento de presença social	Design instrucional para a interação	Evidência do envolvimento do aluno	Evidência do envolvimento do instrutor
Acima da média (4)	Apresentações e biografias são exigidas. O instrutor responde às apresentações e biografias, servindo de modelo aos estudantes. Uma atividade quebra-gelo é inclusa no início de um curso, e um café virtual é incluído no curso.	A discussão é uma parte regular do curso. Exige-se que os estudantes respondam às questões de discussão e, pelo menos, a dois de seus pares por semana. Tarefas em dupla ou em grupos pequenos são incluídas no design do curso. A discussão é parte do esquema de avaliação do curso.	Os alunos respondem às questões de discussão e aos seus pares, e iniciam discussões que vão além das tarefas. As postagens dos alunos são substanciais, mostram a aplicação de conceitos do curso e indicam a interação com o material do curso e com seus pares. Há indícios de que uma comunidade de aprendizagem foi formada.	O instrutor posta expectativas claras de resposta aos e-mails e às tarefas dos alunos dentro de um cronograma determinado, demonstra boa capacidade para promover discussão entre alunos, por meio de resposta estratégica às discussões, e oferece materiais adicionais para consideração. O instrutor mostra capacidade para desenvolver e manter uma comunidade de aprendizagem.
Alta (5)	Apresentações e biografias são exigidas. O instrutor responde às apresentações e biografias, servindo de modelo aos estudantes, e pode usar áudio ou vídeo como parte da sua apresentação. Uma atividade quebra-gelo é inclusa no início de um curso. Um café virtual é incluído no curso, e os estudantes são encorajados a interagirem uns com os outros e com o instrutor no café, por meio de discussão informal.	A discussão é uma parte regular do curso e é avaliada. Exige-se que os estudantes respondam às questões de discussão e, pelo menos, a dois de seus pares por semana. Tarefas em dupla ou em grupos pequenos são incluídas no design do curso. O uso de mídias de discussão síncrona pode ser incluído.	Os alunos respondem às questões de discussão e aos seus pares, e iniciam discussões que vão além das tarefas. As postagens dos alunos são substanciais, mostram a aplicação e a avaliação de conceitos do curso, e indicam a interação com o material do curso e com seus pares. Os estudantes se envolvem em comunicações por meio do café virtual do curso, mostrando forte conexão com os demais estudantes, além da presença de uma comunidade de aprendizagem.	O instrutor posta expectativas claras de resposta aos e-mails e às tarefas dos alunos, responde aos e-mails enviados por eles entre 24 e 48 horas depois e às tarefas em até sete dias, demonstra boa capacidade para promover discussão entre alunos, por meio de respostas estratégicas às discussões, e oferece materiais adicionais para consideração. O instrutor mostra boa capacidade para desenvolver e manter uma comunidade de aprendizagem.

Pontos para determinar o nível de interatividade: Baixa, 1 a 8; Média, 9 a 15; Alta, 16 a 20.

Referências

Akridge, J., DeMay, L., Braunlich, L., Collura, M., & Sheahan, M. (2002). Retaining adult learners in a high-stress distance education learning environment: The Purdue University executive MBA in agribusiness. *Motivating & Educating Adult Learners Online*. Essex Junction, VT: GetEducated.com.

Allen, I. E., & Seaman, J. (2007). *Online nation: Five years of growth in online learning.* Babson Survey Research Group: The Sloan Consortium.

Angelo, T. A., & Cross, K. P. (1993). *Classroom assessment techniques: A handbook for college teachers* (2nd ed.). San Francisco: Jossey-Bass.

Arbaugh, J. B. (2000). How classroom environment and student engagement affect learning in internet-based MBA courses. *Business Communication Quarterly*, 63(4), 9-26.

Aycock, A., Garnham, C., & Kaleta, R. (2002). Lessons learned from the hybrid course project. *Teaching with Technology Today*, 8(6), March 20. Retrieved from [http://www.uwsa.edu/ttt/articles/garnham2.htm].

Barker, A. (2003). Faculty development for teaching online: Educational and technological issues. *Journal of Continuing Education in Nursing*, Nov./Dec. 2003, 34(6), 273.

Barlett, P. F., & Rappaport, A. (2009). Long-term impacts of faculty development programs: The experience of Teli and Piedmont. *College Teaching*, 57(2), Spring 2009, 73-82.

Bates, A. W. (2000). *Managing technological change*. San Francisco: Jossey-Bass.

Beetham, H., and Sharpe, R. (2007). *Rethinking pedagogy for a digital age: Designing and delivering*. New York: Routledge.

Beldarrain, Y. (2006). Distance education trends: Integrating new technologies to foster student interaction and collaboration. *Distance Education*, 27(2), 139-153.

Benor, D. E. (n.d.). Successful models of faculty development institutional/organizational approach. Retrieved from [www.academicpeds.org/education/nutsandbolts/pdfs/benor.pdf].

Boice, R. (1992). *The new faculty member: Supporting and fostering professional development*. San Francisco: Jossey-Bass.

Boulay, R. A., & Fulford, C. P. (2009). Technology mentoring: Research results across seven campuses. In A. Tatnall & A. Jones (Eds.), *Education Technology for a Better World*. Boston: Springer.

Bright, S. (2008). E-teachers collaborating: Process based professional development for e-teaching. Proceedings of ASCILITE 2008, Melbourne, Australia. Retrieved from [http://www.ascilite.org.au/conferences/melbourne08/procs/bright.pdf].

Brook, C., & Oliver, R. (2003). Online learning communities: Investigating a design framework. *Australian Journal of Educational Technology*, 19(2), 139-160.

Brookfield, S. (1995). *Becoming a critically reflective teacher*. San Francisco: Jossey-Bass.

Caffarella, R. (2002). *Planning programs for adult learners*. San Francisco: Jossey-Bass.

Carr-Chellman, A., & Duchastel, P. (2001). The ideal online course. *Library Trends*, 50(1), 16.

Chaney, B. H., Eddy, J. M., Dorman, S. M., Glessner, L., Green, B. L., & Lara-Alecio, R. (2007). Development of an instrument to assess student opinions of the quality of distance education courses. *American Journal of Distance Education*, 21(3), 145-164.

Charalambos, V., Michalinos, Z., & Chamberlain, R. (2004). The design of online learning communities: Critical issues. *Educational Media International*, 41(2), 135-143.

Chickering, A. W., & Gamson, Z. F. (1987). Seven principles for good practice in undergraduate education. *AAHE Bulletin*, 39(7), 3-6.

Chuang, H., Thompson, A., & Schmidt, D. (2003). Faculty technology mentoring programs: Major trends in the literature. *Journal of Computing in Teacher Education*, 18(1), 26-31.

Clay, M. (1999). Faculty attitudes toward distance education at the State University of West Georgia. *University of West Georgia Distance Learning Report*, December. Retrieved from [http://www.westga.edu/ .distance/attitudes.html].

Cravener, P. (1998). A psychosocial systems approach to faculty development programs. *The Technology Source Archives*, November 1998. Retrieved from [http://technologysource.org/article/psychosocial_systems_approach_to_faculty_development_programs/].

Deubel, P. (2008). K-12 online teaching endorsements: Are they needed? *T.H.E. Journal*, January 10, 2008. Retrieved from [http://thejournal.com/articles/2008/01/10/k-12-online-teaching-endorsements-are-they-needed.aspx].

DiPietro, M., Ferdig, R. E., Black, E. W., & Preston, M. (2008). Best practices in teaching K–12 online: Lessons learned from Michigan virtual school teachers. *Journal of Interactive Online Learning*, 7(1), Spring. Retrieved from [http://ncolr.org/jiol].

DiStefano, A., & Witt, J. (2010). Leadership and management of online learning environments in universities. In K. E. Rudestam & J. Schoenholtz-Read (Eds.), *Handbook of online learning* (2nd ed.). Los Angeles: Sage.

Faculty Focus (2008). Overcoming obstacles to faculty participation in distance education. *Academic Leader*, March 2008.

Fenton, C., & Watkins, B. W. (2007). Online professional development for K–12 educators: Benefits for school districts with applications for community college faculty professional development. *Community College Journal of Research and Practice*, 31, 531-533.

Fink, L. D. (2008). Evaluating teaching: A new approach to an old problem. In D. R. Robertson & L. B. Nilson (Eds.), *To Improve the Academy: Resources for Faculty, Instructional, and Organizational Development*, 26, 3-21. San Francisco: Jossey-Bass.

Garrison, D., Anderson, T., & Archer, W. (2003). A theory of critical inquiry in online distance education. In M. G. Moore & W. G. Anderson (Eds.), *Handbook of Distance Education* (pp. 113-127). Mahwah, NJ: Lawrence Erlbaum Associates.

Gaytan, J., & McEwen, B. (2007). Effective online instructional and assessment strategies. *The American Journal of Distance Education*, 21(3), 117-132.

Generation www.Y (n.d.). *Exemplary program*. Retrieved from [http://genyes.com/programs/genyes/research].

Goodyear, M. (2006). Mentoring: A learning collaboration. *EduCause Quarterly*, 29(4). Retrieved from [http://www.educause.edu/EDUCAUSE+Quarterly/EDUCAUSE QuarterlyMagazine/MentoringALearningCollaboratio/157429].

Graham, C., Kursat, C., Byung-Ro, L., Craner, J., & Duffy. T. M. (2001). Seven principles of effective teaching: A practical lens for evaluating online courses, *The Technology Source* (Mar./Apr. 2001). Retrieved from: [http://ts.mivu.org/default.asp?show=article&id =839].

Gray, T., & Birch, J. (2008). Team mentoring: An alternative way to mentor new faculty. In D. R. Robertson & L. B. Nilson (Eds.), *To Improve the Academy: Resources for Faculty, Instructional, and Organizational Development*, 26, 230-241. San Francisco: Jossey-Bass.

Green, T., Alejandro, J., & Brown, A. H. (2009). The retention of experienced faculty in online distance education programs: Understanding factors that impact their involvement. *International Review of Research in Open and Distance Learning*, 10(3), 1-15.

Gunawardena, C. (1995). Social presence theory and implications for interaction and collaborative learning in computer conferencing. *International Journal of Educational Telecommunications*, 1(2-3), 147-166.

Gunawardena, C. N., Ortegano-Layne, L., Carabajal, K., Frechette, C., Lindemann, K., & Jennings, B. (2006). New model, new strategies: Instructional design for building online wisdom communities. *Distance Education*, 27(2), 217-232. Retrieved from [WiscomPub7_26_06[1].pdf].

Gunawardena, C. N., & Zittle, F. (1997). Social presence as a predictor of satisfaction within a computer mediated conferencing environment. *American Journal of Distance Education*, 11(3), 8-25.

Hagner, P. R. (2001). Interesting practices and best systems in faculty engagement and support. *NLII White Paper, Final Report January 25, 2001*. Seattle: NLII Focus Session.

Hara, N., & Kling, K. (2000). *Students' distress with a web-based distance learning course: an ethnographic study of participants' experiences*. CSI Working Paper, Spring 2000. Retrieved from [https://scholarworks.iu.edu/dspace/bitstream/handle/2022/1092/wp00–01B.html?sequence =1].

Harrington, C. F., & Reasons, S. G. (2005). Online student evaluations of teaching for distance education: A perfect match? *The Journal of Educators Online*, 2(1), January. Retrieved from [http://www.thejeo.com/ReasonsFinal.pdf].

Hawkes, M. (2006). Linguistic discourse variables as indicators of reflective online interaction. *The American Journal of Distance Education*, 20(4), 231-244.

Hebert, M. (2006). Staying the course: A study in online student satisfaction and retention. *Online Journal of Distance Learning Administration*, 9(4), Winter. University of West Georgia, Distance Education Center.

Hewson, M. G., Copeland, H. L., & Fishleder, A. J. (2000). What's the use of faculty development? Program evaluation using retrospective self-assessments and independent performance ratings. Proceedings from the annual meeting of the American Educational Research Association, New Orleans, April, 2000. *Teaching and Learning in Medicine*, 2001, 13, 153-160.

Illinois Online Network (2007). *Pedagogy & learning: What makes a successful online facilitator?* Retrieved from [http://www.ion.uillinois.edu/resources/tutorials/pedagogy/instructorProfile.asp].

International Association of K–12 Online Learning (iNACOL) (2009). iNACOL national standards of quality for online courses. Retrieved from [http://www.inacol.org/research/nationalstandards/index.php].

Kearsley, G. (n.d.). Tips for training online instructors. Retrieved from [http://home.sprynet.com/~gkearsley/OItips.htm].

Keig, L., & Waggoner, M. D. (2004). Collaborative peer review: The role of faculty in improving college teaching. *ASHE-ERIC Higher Education Report*, 23-2. Retrieved from [http://www.ntlf.com/html/lib/bib/94–2dig.htm].

Kircher, J. (2001). What are the essential characteristics of the successful online teacher and learner? Issue-oriented Dialogue White Paper, Virtual Pedagogy Conference, UW Oshkosh, July 18, 2001. Retrieved from [http://www.uwsa.edu/ttt/kircher.htm].

Levy, S. (2003). Six factors to consider when planning online distance learning programs in higher education. *Online Journal of Distance Learning Administration*, 6(1), Spring. Retrieved from [http://www.westga.edu/distance/ojdla/spring61/levy61.htm].

Liao, L.-F. (2006). A flow theory perspective on learner motivation and behavior in distance education. *Distance Education*, 27(1), 45-62.

Lorenzetti, J. P. (2009). The virtual faculty lounge: Providing online faculty development for adjunct instructors. *Best Practices for Training and Retaining Online Adjunct Faculty, Distance Education Report*. Retrieved from [www.FacultyFocus.com].

Lynch, R., & Dembo, M. (2004). The relationship between self-regulation and online learning in a blended learning context. *International Review of Research in Open and Distance Learning*, 5(2). Retrieved from [http://www.irrodl.org/content/v5.2/lynch-dembo.html].

Lytle, S., Lytle, V., Lenhart, K., & Skrotsky, L. (1999 Nov.-Dec.). Largescale deployment of technology-enhanced courses. *Syllabus*, pp. 57-59.

Mandernach, B. J., Donelli, E., Dailey, A., & Schulte, M. (2005). A faculty evaluation model for online instructors: Mentoring and evaluation in the online classroom. *Online Journal of Distance Education Administration*, 8(3). State University of West Georgia Distance Education Center.

Matheson, J. (2006). Strategic planning and trends in online learning. *E-articles*, August 2006. Retrieved from [http://e-articles.info/e/a/title/Strategic-Planning-and-Trends-in-Online-Education/].

Mezirow, J. (1990). *Fostering critical reflection in adulthood: A guide to transformative and emancipatory learning*. San Francisco: Jossey-Bass.

Mohono-Mahlatsi, L., & van Tonder, F. (2006). The effectiveness of mentoring in the distance teacher programme at the Lesotho college of education: Student teachers' and tutors' perceptions. *South African Journal of Education*, 26(3), 383-396.

Mooney, K. M., & Reder, M. (2008). Faculty development at small and liberal arts colleges. In D. R. Robertson & L. B. Nilson (Eds.), *To Improve the Academy: Resources for Faculty, Instructional, and Organizational Development, 26*, 158-172. San Francisco: Jossey-Bass.

Moore, A. H., Moore, J., & Fowler, S. (2009). Faculty development for the net generation. *Educause*, 6/7/09. Retrieved from [http://www.educause.edu/Resources/ Educatingthe Net Generation/FacultyDevelopmentfortheNetGen/6071].

Mullinix, B. (2008). Credibility and effectiveness in context: An exploration of the importance of faculty status for faculty developers. In D. R. Robertson & L. B. Nilson (Eds.), *To Improve the Academy: Resources for Faculty, Instructional, and Organizational Development, 26*, 173-197. San Francisco: Jossey-Bass. National Education Association (n.d.). *Guide to teaching online courses*. Retrieved March 13, 2010 from [http://www.nea.org].

Neal, E., & Peed-Neal, I. (2009). Experiential lessons in the practice of faculty development. In L. Nilson & J. Miller (Eds.), *To Improve the Academy: Resources for Faculty, Instructional, and Organizational Development, 27*, 14-31. San Francisco: Jossey-Bass.

North American Council for Online Learning. (2009). *National standards for quality online teaching*. Retrieved from [http://www.nacol.org].

Nugent, Reardon, Smith, Rhodes, Zander, & Carter (2008). Online Learning.net, *Is online teaching for me?*, Retrieved from [http://www.onlinelearning.net/Instructor Community/selfevaluation.html].

Oomen-Early, J., & Murphy, L. (2008). Overcoming obstacles to faculty participation in distance education. *Distance Education Report, 12*(5), 4-5.

Palloff, R., & Pratt, K. (1999). *Building learning communities in cyberspace: Effective strategies for the online classroom*. San Francisco: Jossey-Bass.

Palloff, R. M., & Pratt, K. (2001). *Lessons from the cyberspace classroom: The realities of online teaching*. San Francisco: Jossey-Bass.

Palloff, R. M., & Pratt, K. (2003). *The virtual student: A profile and guide to working with online learners*. San Francisco: Jossey-Bass. Edição em português: Palloff, R. M., & Pratt, K. (2004). *O aluno virtual: Um guia para trabalhar com estudantes on-line*. Porto Alegre: Artmed.

Palloff, R. M., & Pratt, K. (2005). *Collaborating online: Learning together in community*. San Francisco: Jossey-Bass.

Palloff, R. M., & Pratt, K. (2007). *Building online learning: Effective strategies for the online classroom*. San Francisco: Jossey-Bass.

Palloff, R. M., & Pratt, K. (2009). *Assessing the online learner: Resources and strategies for faculty*. San Francisco: Jossey-Bass.

Pankowski, P. (2004). Faculty training for online teaching. *T.H.E. Journal*, September 2004, Retrieved from [http://thejournal.com/articles/16956].

Pennsylvania State University & Central Florida University (2008). *Faculty self-assessment: Preparing for online teaching*. Retrieved from [http://weblearning.psu.edu/news/faculty-self-assessment].

Picciano, A. (2002). Beyond student perceptions: Issues of interaction, presence, and performance in an online course. *Journal of Asynchronous Learning Networks*, 6(1), July 2002, 21-40.

POD Network (2007). Faculty development definitions, POD Network. Retrieved from [http://www.podnetwork.org/faculty_development].

POD Network (n.d.). Ethical guidelines for faculty developers, POD Network. Retrieved from [http://podnetwork.org/faculty_development/ethicalguidelines.htm]

Preparing tomorrow's teachers to use technology (2002). Faculty development. Retrieved from [http://www.pt3.org/stories/faculty.html].

Richardson, J. C., & Swan, K. (2003). Examining social presence in online courses in relation to students' perceived learning and satisfaction. *Journal of Asynchronous Learning Networks*, 7(1), February 2003, 68-88.

Roberts, T. G., Irani, T. A., Teleg, R. W., & Lundy, L. K. (2005). The development of an instrument to evaluate distance education courses using student attitudes. *The American Journal of Distance Education*, 17(2), 77-98.

Robinson, M. A. (2003). Issues and strategies for faculty development in technology and biomedical informatics. *Advances in Dental Research* 17(34). Retrieved from [http://adr.sagepub.com/cgi/content/abstract/17/1/34].

Rovai, A. P., & Barnum, K. T. (2003). On-Line course effectiveness: An analysis of student interactions and perceptions of learning. *Journal of Distance Learning*, 18(1), 57-73.

Savery, J. (2005). Be vocal: Characteristics of successful online instructors. *Journal of Interactive Online Learning*, 4(2), 141-152. Retrieved from [http://ncolr.org/jiol].

Sherry, L., Billig, S. H., Tavalin, F., & Gibson, D. (2000). New insights on technology adoption in schools. *T.H.E. Journal*, 2/01/00. Retrieved from [http://thejournal.com/articles/2000/02/01/new-insights-on-technology-adoption-in-schools.aspx].

Stein, D., & Wanstreet, C. E. (2003). Role of social presence, choice of online or face-to-face group format, and satisfaction with perceived knowledge gained in a distance learning environment. *Midwest Research to Practice Conference in Adult, Continuing, and Community Education*. Retrieved from [http://www.alumni-osu.org/Midwest%20papers/Stein%20&%20Wanstreet—Done.pdf].

Stern, S. (2003). Professional development: Leading organizational change in community colleges. *ERIC Digests*, ERIC Clearinghouse for Community Colleges: Los Angeles. Retrieved from [http://www.eric.edu.gov].

Sweet, M., Roberts, R., Walker, J., Walls, S., Kucsera, J., Shaw, S., Riekenberg, J., & Svinicki, M. (2008). Grounded theory research in faculty development: The basis, a live example, and practical tips for faculty developers. In D. R. Robertson & L. B. Nilson (Eds.), *To Improve the Academy: Resources for Faculty, Instructional, and Organizational Development*, 26, 89-105. San Francisco: Jossey-Bass.

Taylor, A., & McQuiggan, C. (2008). Faculty development programming: If we build it, will they come? *EduCause Quarterly*, No. 3. Retrieved from [http://www.educause.edu/EDUCAUSE+Quarterly/EQVolume312008/EDUCAUSEQuarterlyMagazineVolum/163109].

Teclehaimanot, B., & Lamb, A. (2005). Technology-rich faculty development for teacher educators: The evolution of a program. *Contemporary Issues in Technology and Teacher Education*, 5(3/4), 330-344.

Tobin, T. (2004). Best practices for administrative evaluation of online faculty. *Online Journal of Distance Learning Administration*, 7(2). State University of West Georgia Distance Education Center. Retrieved from: [http://www.westga.edu/.distance/ojdla/summer72/tobin72.html].

Travis, J. E. (1995-96). Models for improving college teaching: A faculty resource. *National Teaching and Learning Forum*. Retrieved from [http://www.ntlf.com/html/lib/bib/95-6dig.htm].

Twale, D. J., & De Luca, B. M. (2008). *Faculty incivility: The rise of the academic bully culture and what to do about it*. San Francisco: Jossey-Bass.

Twigg, C. (2003). Improving learning and reducing cost: New models for online learning. *Educause Review*, September/October 2003. Retrieved from [net.educause.edu/ir/library/pdf/erm0352.pdf].

Van Dusen, C. (2009). Beyond virtual schools. *e School News*, Special Report, November/December 2009. Retrieved from [eSNNoveDec09SpRptBeyondVirtualSchools.pdf].

Vaughan, N. (2004). Technology in support of faculty learning communities. In M. D. Cox & L. Richlan (Eds.), *Building Faculty Learning Communities: New Directions for Teaching and Learning*, No. 97, 101-109. San Francisco: Jossey-Bass.

Velez, A. M. (2009). The ties that bind: How faculty learning communities connect online adjuncts to their virtual institutions. *Online Journal of Distance Learning Administration*, *11*(2), Summer. Retrieved from [http://www.westga.edu/~distance/ojdla/summer122/velez122.html].

Vignare, K. (2009). What to expect from a virtual university. *New Directions for Higher Education*, No. 146, 97-105. San Francisco: Jossey-Bass.

Watson, J. F., & Kalmon, S. (2006). *Keeping pace with K–12 online learning: A review of state level policy and practice*. Naperville, IL: North Central Regional Educational Laboratory.

Weimer, M. G. (2002). *Learner-centered teaching: Five key changes to practice*. San Francisco: Jossey-Bass.

Weimer, M. (2009). Talk about teaching that benefits beginners and those who mentor them. *Academic Leader Special Report: 12 Tips for Improving Your Faculty Development Plan*. Retrieved from [http://www.magnapubs.com/academicleader/].

Wenger, E. (1999). *Communities of practice: Learning, meaning, and identity*. Cambridge, England: Cambridge University Press.

Williams, P. E. (2003). Roles and competencies for distance education programs in higher education institutions, *The American Journal of Distance Education*, 17(1), 45-57.

Yun, J. H., & Scorcinelli, M. D. (2009). When mentoring is the medium: Lessons learned from a faculty development initiative. In L. B. Nilson & J. E. Miller (Eds.), *To Improve the Academy: Resources for Faculty, Instructional, and Organizational Development*, 27, 365-384. San Francisco: Jossey-Bass.

Zachary, L. (2000). *The mentor's guide: Facilitating effective learning relationships*. San Francisco: Jossey-Bass.

Zhu, E. (2008). Breaking down barriers to the use of technology for teaching in higher education. In D. R. Robertson & L. B. Nilson (Eds.), *To Improve the Academy: Resources for Faculty, Instructional, and Organizational Development*, 26, 305–318. San Francisco: Jossey-Bass.

Índice

A

AACE. Ver Association for the Advancement of Computing in Education (Associação para o Avanço da Computação na Educação, AACE)
Abordagem do estudante como mentor, 95-96
Academic Impressions (Impressões Acadêmicas), 171
Acrônimo VOCAL (Visível, Organizado, Compassivo, Analítico e um Líder pelo exemplo) (Savery), 26-27
Administradores, recursos para, 174-181; questões de autoavaliação para docentes, 177-179; e avaliação de necessidades de treinamento para programas *online*, 174-176
Adobe Connect, 28
Akridge, J., 23
Alejandro, J., 127-129, 132, 137, 141
Allen, I. E., 13, 132
Alunos da geração milênio, 105
Alunos, envolvendo os, 29-30
American Association of Community Colleges (Associação Americana de Faculdades Comunitárias, AACC), 173
Anderson, T., 29
Angelo, T. A., 119, 156
Arbaugh, J. B., 119-120
Archer, W., 29
Assessing the Online Learner (Palloff & Pratt), 121, 179-181
Association for the Advancement of Computing in Education (Associação para o Avanço da Computação na Educação), 172
Atividades de pesquisa na internet, 32
Aulas expositivas *online*, técnicas para se dar, 136-137
Autoavaliação, 138
Autorreflexão, 143
Avaliação das necessidades de treinamento para programas *online*, 174-176; questões e preocupações de cursos e programas na, 175; suporte e treinamento de docentes, 175-176; questões e preocupações gerais na, 175; investimento em infraestrutura tecnológica, 175; questões e preocupações políticas, 177; o suporte de estudantes, 176
Avaliação de docentes, 120-121; tornando-se o próprio mentor na, 130-131; *design* de cursos, 123; facilitação de cursos, 121-122; as dimensões do ensino ligadas às atividades de treinamento e de desenvolvimento, 124; pontos-chave na ligação do desenvolvimento de docentes à, 129-130; ligando o treinamento à, 118-131; gerenciar e avaliar docentes a distância, 126-129; avaliação de cursos *online* e, 119-125; revisão por pares, 125-126; rubrica, 179-181; questões de autoavaliação para, 177-178; quem avalia?, 125
Aycock, A., 31

B

Barker, A., 63-64
Barlett, P. F., 59, 65
Barnum, K. T., 28
Bates, A. W., 77-78

Beetham, H., 177
Beldarrain, Y., 31
Benor, D. E., 37
Billig, S. H., 73-75
Birch, J., 52-53, 55-56, 96
Black, E. W., 106
Blackboard, 11, 12, 65
Blogs, 27-28, 32, 137
Boice, R., 52
Boulay, R. A., 90
Braunlich, L., 23
Bright, S., 94
Brook, C., 29
Brookfield, S., 119
Brown, A. H., 127-129, 132, 137, 141
Byung-Ro, L., 25

C
Caffarella, R., 60, 63-64
Carabajal, K., 31
Carr-Chellman, A., 25
Carter, T. J., 80
Categoria da tecnologia das necessidades de treinamento, 42-43; para a fase de desenvolvimento do aprendiz, 49; para a fase de desenvolvimento do iniciado, 49; para a fase de desenvolvimento do mestre, 50; para a fase de desenvolvimento do principiante, 47; para a fase de desenvolvimento do visitante, 44-45
Categoria da pedagogia das necessidades de treinamento, 42-43; para a fase de desenvolvimento do aprendiz, 49; para a fase de desenvolvimento do iniciado, 49; para a fase de desenvolvimento do mestre, 50; para a fase de desenvolvimento do principiante, 47; para a fase de desenvolvimento do visitante, 44-45
Categoria do conteúdo das necessidades de treinamento, 42-43; para a fase de desenvolvimento do aprendiz, 49; para a fase de desenvolvimento do iniciado, 49; para a fase de desenvolvimento do mestre, 50; para a fase de desenvolvimento do principiante, 47; para a fase de desenvolvimento do visitante, 44-45
Categoria pessoal das necessidades do treinamento, 42-43; para a fase de desenvolvimento do aprendiz, 49; para a fase de desenvolvimento do iniciado, 49; para a fase de desenvolvimento do mestre, 49; para a fase de desenvolvimento do principiante, 47; para a fase de desenvolvimento do visitante, 44-45

Certificação em Ensino na Sala de Aula Virtual (TVC; Universidade Fielding de Pós-Graduação), 169-170
Certificado de Pós-Graduação em *E-Learning* e Ensino Online (Universidade de Wisconsin, Stout), 169-170
Certificado de Professor Online Mestre (*Illinois Online Network*), 170
Certificado Profissional em Ensino Online (Universidade de Wisconsin, Madison), 170
Chamberlain, R., 29
Chaney, B. H., 31
Charalambos, V., 29
Chickering, A. W., 25
Chuang, H., 91, 93
Ciclos de aprender, fazer, refletir, 63-64, 69-70
Clay, M., 54, 55-56
Colaboração, 24, 32, 48, 79, 80, 86-87, 94, 114, 153-155, 180
Collaborating Online: Learning Together in Community (Palloff e Pratt), 150, 153, 156
Collura, M., 23
Compaixão, 40
Comunicação, 40
Comunicação, e construção de comunidade, 127-129
Comunidade de aprendizagem de docentes, 79, 81; enfatizando a criação de, 94-95
Comunidade de aprendizagem, 29
Comunidade, comunicação e construção de, 127-129
Comunidade, criação de, 28-30
Comunitária, abordagem, 79
Conferências *online*, 170-171
Copeland, H. L., 59
Craner, J., 25
Cravener, P., 37, 38, 67, 68
Cronogramas, 34
Cross, K. P., 119, 156
Culturas Institucionais, 66
Customização, 32

D
Dailey, A., 91
De Luca, B. M., 79
DeMay, L., 23
Dembo, M., 31
Departamento de Educação dos Estados Unidos, 96

Desenvolvimento de cursos: auxílio ao, 135-137; excelência em, 30-31

Desenvolvimento de docentes *online*, 37, 57-58; a avaliação grau de preparação dos docentes para o ensino *online*, 40; lidar com a resistência dos docentes, 53-56; a mentoria de docentes para o ensino *online*, 52-53; o grau de preparação dos docentes para o ensino *online*, 38-40; os pontos-chave em relação às necessidades de treinamento e às fases do desenvolvimento, 56; a chave para compreender as fases do, 50-52; fases do, 41-42-50, 43 Fig. 2.1; Autodesenvolvimento para o, 57-58

Desenvolvimento de docentes: tornando-se o próprio mentor no, 88-89; programas de certificação em treinamento *online*, 86-87; estabelecimento de esforço de longo prazo no, 77-78, 82; pontos-chave com relação a modelos de *online*, 87-89; abordagem de comunidade de aprendizagem para o online, 79-82; modelos de, 72, 88-89; abordagem por fases, 73-77; questões para se considerar ao se planejar de longo prazo, 77-79; recursos para, 147-164; amostra de rede desenvolvimental, 97; amostra de modelo de treinamento, 75-77; a fase do professor como adotante, 73; o professor como coaluno, 73; a fase do professor como líder, 74-75; a fase do professor como aluno, 73; o professor como reafirmador ou contestador, 73-75; treinar de maneira eficiente, 84-85; trabalhar com adjuntos a distância, 82-83

Desenvolvimento de habilidades avançadas, 49

Deubel, P., 106, 110

"Dilema desorientador" (Mezirow), 39

DiPietro, M., 106

Discovery Channel, 116

"Disjunção paradoxal", 67

DiStefano, A., 119, 126

Docentes de "primeira onda", 62

Docentes de "segunda onda", 62

Docentes *online;* eliminado a estrutura hierárquica, 92; elementos comuns das abordagens de mentoria, 91; a ênfase na criação de comunidade de aprendizagem, 94-95; estabelecimento de diálogo aberto e de relações colaborativas com, 93; individualizando o suporte tecnológico para, 91-92; pontos-chave com relação a mentoria de, 102; mentoria, 90-104; proporcionar benefícios mútuos para mentores e mentoreados, 94; proporcionando visões do uso de tecnologia para, 91; autodesenvolvimento para, 102-104

Donnelli, E., 91

Dorman, S. M., 31

Duchastel, P, 25

Duffy, T. M., 25

E

Eddy, J. M., 31

EDUCAUSE Review, 172

Elluminate, 28, 148

E-mail, 32

Ementa de treinamento, amostra, para docentes principiantes ou iniciantes, 150-157

Empreendedores, 62

Engel, G., 157

Ensino "presencial", 61

Ensino do K–12: tornando-se o próprio mentor no, 116; características de professores *online* excelentes, 109-111; lidando de modo eficaz com os problemas e os desafios do, 114-116; pontos-chave no, 115; métodos *online* de ensino no ambiente do K-12, 107-109; lacuna de percepção no, 105; preparação para a administração do, 113-114; preparação pré-serviço e desenvolvimento profissional para o, 111-114; preparação pré-serviço de professores para o, 112-113; desenvolvimento profissional para o, 105-116

Ensino *online*: características do excelente, 22-36; envolvimento de alunos e criação de comunidade, 28-30; excelência em desenvolvimento de cursos, 30-31; boa facilitação *online*, 33-34; importância de se estabelecer presença no, 27-28; fornecimento de facilitação eficaz ao se lecionar cursos desenvolvidos por outros, 32-33

Escolarização virtual: tecnologia assíncrona em, 107; demanda por, 106; três modelos principais para, 108-109

Evidence of Effectiveness (Evidência de eficácia, *Generation* www.Y), 96

Experiência, 69-70

F

Facebook, 27-28

Facilitação *online*: boa, 33-34; ao lecionar cursos projetados por outros, 32-33

Faculdade Comunitária Delgado, 11, 12

Faculdade Comunitária Jamestown (Nova Iorque), 82
Faculdade Estadual da Flórida (Jacksonville), 90
Faculty Focus *(Academic Leader)*, 79
Fase do aprendiz (desenvolvimento de docentes *online*), 33, 41-42, 47-49, 148, 168; necessidades de treinamento para a, 49
Fase do iniciado (desenvolvimento de docentes *online*), 41-42, 49; necessidades de treinamento para a, 49
Fase do mestre (desenvolvimento de docentes *online*), 41-42, 50
Fase do principiante (desenvolvimento de docentes *online*), 41-42, 44-45; 47; necessidade de treinamento para a, 47
Fase do visitante (desenvolvimento de docentes *online*), 41-42, 44-45, 62; necessidades de treinamento para a, 44-45
Feedback, 34
Fenton, C., 111, 112, 114
Ferdig, R. E., 106
Fink, L. D., 118, 119, 124
Fishleder, A. J., 59
Flexibilidade de treinamento, em, 68-69
Flickr.com, 159; atividade, 163
Flip Book, 159
Formulários de satisfação, 119
Fowler, S., 59, 67
Frechette, C., 31
Fulford, C. P., 90
Furacão Katrina, 11

G

Gamson, Z. F., 25
Garnham, C., 31
Garrison, D., 29
Gaytan, J., 31
Generation www.Y, 96
Gerenciamento de tempo, 147
Gibson, D., 73-75
Glessner, L., 31
Goodyear, M., 93, 96
Google Video, 160
Graham, C., 25
Grau de preparação dos docentes para o ensino *online* : avaliação do, 147-149
Gray, T., 52-53, 55-56, 96
Green, B. L., 31
Green, T., 127-129, 132, 137, 141

Guide to Teaching Online Courses (Guia para Lecionar em Cursos Online, National Education Association), 105
Gunawardena, C. N., 28, 31

H

H1N1, vírus, 11
Hagner, P. R., 61, 62, 68, 132, 142, 143
Hara, N., 35, 126
Harrington, C. F., 126
Hawkes, M., 31
Hebert, M., 23
Hewson, M. G., 59
Hpgabbel.com, 160

I

Illinois Online Network, 24, 26-27, 35; Certificado de Professor Online Mestre, 170; Rubrica da Quality Online Course Initiative (Iniciativa para Cursos Online de Qualidade), 24, 173
Innovate: Journal of Online Education, 172
Instrutor *online* excelente: descrição do, 24-27; pontos-chave que definem o, 34-35
Interação, capacidade de promover, 32-33
International Association of K–12 Online Learning (Associação Internacional de Aprendizagem Online no K–12, iNACOL), 107
International Journal of Instructional Technology and Distance Learning, 172
International Online Conference (Conferência Internacional Online), 170
International Review of Research in Open and Distance Learning, 172
International Society for Technology in Education (Sociedade Internacional para a Tecnologia em Educação, ISTE), 172
IPod touch, 158
Irani, T. A., 119

J

JALN. *Ver Journal of Asynchronous Learning Networks* (JALN)
Jennings, B., 31
JOLT. *Ver Journal of Online Learning and Teaching* (JOLT)
Jossey-Bass Online Teaching and Learning Conference (Conferência sobre Ensino e Aprendizagem *online* da Jossey-Bass), 170
Journal of Asynchronous Learning Networks (JALN), 172

Journal of Interactive Online Learning, 172
Journal of Online Learning and Teaching (JOLT), 171

K
Kaleta, R., 31
Kalmon, S., 106
Kearsley, G., 26
Keig, L., 125, 126
Kircher, J., 26
Kling, K., 35
Kucsera, J., 59
Kursat, C., 25

L
Lamb, A., 44-45, 74-75
Lara-Alecio, R., 31
League for Innovation in the Community College (Liga para a Inovação na Faculdade Comunitária), 173
Learning Resources Network (Rede de Recursos de Aprendizagem, LERN) Programa de Instrutor Online Certificado (COI, na sigla em inglês), 169-171
Learning Times, 169
Lehman, J., 106
Lenhart, K., 136
LERN (Learning Resources Network, Rede de Recursos de Aprendizagem) Programa de Instrutor Online Certificado (COI, na sigla em inglês), 169-171
Levy, S., 77-78
Liao, L-F., 31
"Liderança corajosa", 142
Liderança e Mudança Educacional (Universidade Fielding de Pós-Graduação), 169-170
Lindemann, K., 31
Lorenzetti, J. P., 82
Lundy, L. K., 119
Lynch, R., 31
Lytle, S., 137
Lytle, V., 137

M
Magna Online Seminars (Seminários Online Magna), 171
Making the Virtual Classroom a Reality (Fazendo da Sala de Aula Virtual uma Realidade, MVCR), 171

Mandernach, B. J., 91
Matheson, J., 77-78
McEwen, B., 31
McQuiggan, C., 141
Melhores práticas, 69-70; auxílio ao desenvolvimento de cursos, 135-137; desenvolver o plano de treinamento, 139-140; no desenvolvimento de docentes *online* excelentes, 132-144; para desenvolvedores de docentes e professores encarregados do desenvolvimento de docentes, 133-137; para docentes envolvidos com o próprio desenvolvimento, 139-140; para instituições, 141-142; autoavaliação, 138; adaptação do treinamento para atender às necessidades dos docentes, 133; treinamento para instrutores de todos os níveis de experiência, 133-135
Mentoria de docentes, 52-53
Mentoria, 129; abordagens para a, 91; abordagens para a, para o ensino *online*, 95-96; começando com o treinamento de mentor, 99-100; melhor prática, 137; desenvolvendo programa de mentoria eficaz, 97-101; de docentes, 52-53; abordagem de grupo para a, 53; em grupo de pares, 96; programa de *marketing* e avaliação para, 99; planejando programa para, 98; formato do programa para, 101; espontânea, 52; tradicional, 52; quais organizações podem promover, 101
Merlot, 80, 169-170
Método síncrono, 67, 107, 113
Métodos assíncronos, 67, 107, 113, 137
Mezirow, J., 39, 61
Michalinos, Z., 29
Modelo do Bom Ensino (Fink), 118, 119
Mohono-Mahlatsi, L., 90
Mooney, K. M., 51, 52
Moore, A. H., 59, 67
Moore, J., 59, 67
Mullinix, B., 67
Murphy, L., 129

N
National Education Association (Associação Nacional de Educação, NEA), 105, 109-113
Neal, E., 66-67
Netiqueta, 112, 151
North American Council for Online Learning (Conselho Norte-Americano para a Aprendizagem Online), 86-87, 109

North American Council for Staff, Program, and Organizational Development (Conselho Norte-Americano para o Desenvolvimento de Funcionários, Programas e Organizações, NCSPOD), 173
Nugent, J. S., 80

O
Oliver, R., 29
Olympia, Washington, 96
Online Journal of Distance Learning Administration, 172
Online Learning.net (UCLA), 165
Oomen-Early, J., 129
Organização, 41
Ortegano-Layne, L., 31

P
Palloff, R. M., 25-26, 28-29, 31, 68, 79-80, 137, 150, 153-154, 156, 169-170, 179
Pankowski, P., 14
PBS, 116
Pedagogia virtual, 25-26
Pedagogia: *online*, 111, 113; treinamento em, teoria, 82
Peed-Neal, I., 66-67
Pensamento crítico, 143
Picciano, A., 28
Plano de treinamento individual de docentes, 102, 147-149
POD Network Professional and Organizational Development Network, (Rede de Desenvolvimento Organizacional Profissional), 38, 63-64, 173
Polleverywhere.com, 158, 159
PowerPoint, 22, 44-45, 65, 149, 157, 159; para SRA, 158
Pratt, K., 25-26, 28, 29, 31, 68, 79, 80, 137, 150, 153-154, 169-170, 179
Preparing Tomorrow's Teachers to Use Technology, (Preparando os Professores de Amanhã para Utilizarem Tecnologia) (Lehman), 106
Presença; importância de se estabelecer, 26-28; como um caracterizador de excelência do instrutor, 27-28
Preston, M., 106
Professores Adjuntos, 83-85, 87, 103, 126-129, 140, 141; evasão de, 82; trabalhando com, a distância, 82-83
Professores carreiristas, 62

Programa de aprendizagem a distância *online*, três elementos de, 127-129
Programa de certificação em Ensino na Sala de Aula Virtual (Universidade Fielding de Pós-Graduação), 82, 120
Programa de certificação *online*, 66
Programa Generation YES (*Youth & Educators Succeeding*, Jovens & Educadores de Sucesso), 96
Programa PT3 (Universidade de Purdue), 106
Programas de certificação, ensino *online*, 86-87; recursos em, 169-171; padrões de, 86-87

Q
QOCI. *Ver* Quality Online Course Initiative Rubric (Rubrica da Iniciativa para Cursos Online de Qualidade, (Illinois Online Network)
Quality Matters, 24, 86-87, 173; rubrica, 30
Quality Online Course Initiative Rubric (Rubrica da Iniciativa para Cursos *Online* de Qualidade, Illinois Online Network), 24, 173
Questionários de estudantes, 119
Questões de autoavaliação para docentes, 177-179; descritivas, 177-179; reflexivas, 178

R
Rappaport, A., 59, 65
Reardon, R. M., 80
Reasons, S. G., 126
Recuperação de créditos, 108-109
Recursos para docentes, 165-173; a avaliação do grau de preparação para o ensino *online*, 165-169; programas de certificação em ensino *online*, 169-170-171; comunidades de prática, 169-170; rubricas de avaliação de cursos, 173; publicações sobre ensino *online*, 171-172; conferências *online*, 171 organizações profissionais, 172-173
Recursos: para administradores de programas *online*, 174-181; de docentes, 165-173; para o desenvolvimento de docentes, 147-164; em programas de certificação *online*, 169-170
Rede desenvolvimental para docentes principiantes (amostra), 149
Reder, M., 51, 52
Redes sociais, 32
Reflexão, 31, 76, 76, 80, 143, 153-155, 176
"Relutantes", 62
Resistência dos docentes, 53-56; medo do desconhecido, 55-56

Rhodes, J. A., 80
Richardson, J. C., 28
Roberts, R., 59
Roberts, T. G., 119
Robinson, M. A., 62
ROI. *Ver* Rubric for Online Instruction (Rubrica para a Instrução Online) (Universidade Estadual da Califórnia, Chico)
Rovai, A. P., 28
Rubric for Online Instruction (Rubrica para a Instrução Online, Universidade Estadual da Califórnia, Chico), 24

S
Sala de aula móvel, 157-158
Sala de aula *online* focada no aluno, 119
Savery, J., 27
Schmidt, D., 91, 93
Schulte, M., 91
Seaman, J., 13, 132
Second Life, 27-28, 68, 94, 140
Senteo, 158
"Sete Princípios de Boa Prática na Educação em nível de Graduação" (Chickering e Gamson), 25
SGC. *Ver* Sistema de gerenciamento de cursos (SGC)
Sharpe, R., 177
Sheahen, M., 23
Sherry, L., 73, 74-75
Sistema de Gerenciamento de Cursos (SGC), 46-48, 124, 148
Sistema de Resposta da Audiência (SRA), 158
"Sistemas ótimos" (Hagner), 61, 132; sistemas ótimos para o desenvolvimento de instrutores *online* excelentes, 142-144; sistema ótimo para o desenvolvimento de docentes *online*, 144
Skype, 28, 167
Smith, F. G., 80
Smithsonian Conference on Problem Solving (Conferência Smithsoniana sobre Resolução de Problemas), 171
Software de captura em vídeo de aulas expositivas, 22, 136
Sorcinelli, M. D., 52, 90
SRA. *Ver* Sistema de Resposta da Audiência (SRA)
Stein, D., 28
Stern, S., 59

Strategic Planning and Trends in Online Education, (Planejamento Estratégico e Tendências em Educação Online) (*E-Articles;* Matheson), 77-78
Substituição de notas, 108-109
Suporte aos docentes, 129
Suporte descentralizado, 51
Surgimento, fases do, 38
Swan, K., 28
Sweet, M., 59

T
T.H.E. Journal (*Transforming Education Through Technology*), 172
Tapped In, 116, 169-170
Tavalin, F., 73, 74-75
Taylor, A., 141
TCC. *Ver* Technology, Colleges, and Community (TCC) Online Conference (Conferência Online de Tecnologia, Faculdades e Comunidade)
TeacherTube, 160
Technology Source Archives, The, 172
Technology, Colleges, and Community (TCC) Online Conference (Conferência Online de Tecnologia, Faculdades e Comunidade), 171
Teclehaimanot, B., 44-45, 74-75
Tecnologia: medo da, 55-56; e suporte tecnológico individualizado, 92-93; integração, 62; fornecendo visões para o uso de, 91; uso de, em treinamento, 60
Tecnologias adjuntas, 42-43, 47-49
Tecnologias *Web*2, 137, 140, 160-161, 163-164
Telefones celulares, 68, 94, 158, 161-162
Teleg, R. W., 119
Teoria da aprendizagem de adultos, 60, 69-70
Thompson, A., 91, 93
Tobin, T., 125
Travis, J. E., 38
Treinamento, 129; componentes do plano de, 140; descrição de eficaz, 60-65; desenvolvendo plano de, 139-140; de maneira eficaz, 84-85; elementos do, 69-70; face a face, 66-67; fluxo de docentes, 85; híbrido, 66-67; para instrutores de todos os níveis de experiência, 133-135; pontos-chave do, 69-70; *online*, 66-67; autodesenvolvimento no, 69-70; adaptado, para atender às necessidades dos docentes, 133; e quem deve conduzir *online*, 68-69

TVC. *Ver* Programa de certificação em Ensino na Sala de Aula Virtual (TVC; Universidade Fielding de Pós-Graduação)
Twale, D. J., 79
Twigg, C., 136
Twitter, 28, 68

U

United States Distance Learning Association (Associação de Aprendizagem a Distância dos Estados Unidos, USDLA), 172
Universidade da Califórnia, Los Angeles, 165
Universidade da Flórida Central, 39, 165
Universidade de Maryland, 30
Universidade de Purdue, 106
Universidade de Wisconsin, Divisão de Extensão de Madison, 170
Universidade de Wisconsin, Stout, 169-170
Universidade Estadual da Califórnia, Chico (CSU-Chico), 25; Rubrica para Instrução Online, 24, 173
Universidade Estadual da Pensilvânia, 39, 141, 165
Universidade Fielding de Pós-Graduação: Online Summer Institute for Community Colleges (OSICC, Instituto Online de Verão para Faculdades Comunitárias), 169-170, 171
Universidade Park (Missouri), 90
Universidade Walden, 157

V

Van Dusen, C., 108-109
van Tonder, F., 90
Vaughan, N., 80
Velez, A. M., 83
Vignare, K., 134

Virtual Student, The (Palloff & Pratt), 150, 153-156
Visão, 77-78
Visibilidade, 40

W

Waggoner, M. D., 125, 126
Walker, J., 59
Walls, S., 59
Wanstreet, C. E., 28
Watkins, B. W., 111, 112, 114
Watson, J. F., 106
Web Logs, 27-28
WebEx, 28
WebQuests, 80, 137
Weimer, M. G., 26, 90
Wenger, E., 29
What Assessment Methods Should be Used by Faculty for the Purpose of Instructional Improvement (Quais os Métodos de Apreciação Devem ser Usados pelos Docentes para o Propósito da Melhoria Instrucional, Keig e Waggoner), 125
Wiffiti.com, 158
Wikis, 32, 137, 160-161; e Projeto de Criação de *Wiki*, 163
Williams, P. E., 120
Witt, J., 119, 126

Y

YouTube, 159
Yun, J. H., 52, 90

Z

Zachary, L., 95, 125
Zander, M. J., 80
Zhu, E., 44-45, 46, 51, 54-56, 61-65
Zittle, F., 28